為替が動くと、世の中どうなる？

角川 総一
金融データシステム

すばる舎

はじめに

そもそも「為替」とは何だろう

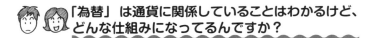「為替」は通貨に関係していることはわかるけど、どんな仕組みになってるんですか？

　NHK、民間放送を問わず、定時ニュースの終わりには必ず「日経平均株価は……」と並んで、「今日の円相場は1ドル＝109円58銭と前日終値(おわりね)に比べ20銭の円高で……」とアナウンサーが伝えます。

　新聞を見れば「米国、円安牽制(けんせい)か」という見出しがあったかと思うと、インターネットでも、「米利上げ観測強まり円安へ」「イラン情勢の緊迫化により円高懸念も」……といった具合です。

為替相場とか為替レートとか、めんどくさそうだけど……

決してむずかしくはありませんよ！

　でも仕組みはカンタン。しかも為替の動きは、経済の様々な動き（景気や物価など）と深い関係があります。
　為替がわかれば経済や、生活の動きもわかるのです。
　円やドルやユーロは、「為替相場」と言われるように、いろいろな要因によって変動します。これが「為替レート」です。
　各国通貨に関する為替相場のニュースや、解説記事が報じられる

のは、為替相場（日本では一般に「円相場」です）の変動が、世界の経済・政治その他に、大きな影響を及ぼすからです。

では、「為替相場」が動くと、どんなことが起こるのですか？

「相場」と言うぐらいですから為替は"変動"します

「1ドル＝100円」で通貨をやり取りして貿易などをする場合もあれば、「1ドル＝110円」になったり、95円にもなるんですね。

　為替は様々な要素が絡んで動きます。
　たとえば円と米ドルだけに関して言えば、**アメリカの政治経済が不安定になれば、ドルの価値は下がって円は高くなるというのが原則**です。もちろん為替変動の原因は他にもいろいろあるのですが、ここではとりあえず、そう覚えておいてください。

　ちなみに「1ドル＝100円」が「1ドル＝90円」になることが円高です。ドルに対して円が強くなるわけですね。100円を用意しなければ1ドルに換えられなかったのが、90円でよくなるのです。円の価値が上がり、ドルの価値が下がったわけです。

　では、為替が動いたら世の中にどんな影響があるのでしょうか？　何が変わるのでしょうか？　生活にどう関係するのでしょうか？

　右の図をご覧ください。「いきなり図なの？」と思われた方も、言葉はわかりやすくしてあります。この図から、私たちの生活が為替相場とどう関係するか、実感してもらおうと思います。

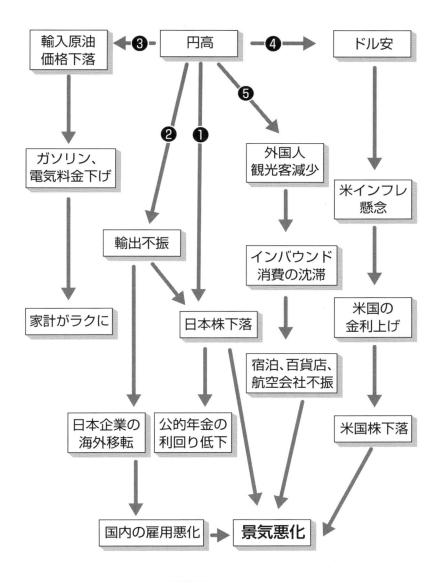

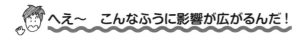 へえ～　こんなふうに影響が広がるんだ！

ある程度の理屈がわからなければ「ウン、ワカッタ、その通り！」とはいかない部分もありますが、今は全く気にしないでください。

 図を見ながら順番に見てみよう！

では、為替が動くとどうなるかを、簡単に押さえてみます。
ここでは円高になり、さらに今後も円高が進むだろうと思われている状況を想定します。前ページの図を見ながら説明しますね。

---

❶の動きについて☞**円高になると、株価が下がる！**

まず円高は、ほぼ90％以上の確率で日本株を下落させます。これは、日本の産業は輸出関連企業の影響がとても強いことが大きな理由です。ちなみに、産業界を牛耳っている経団連の歴代の会長は、ほとんど輸出メーカーの首脳です。

それまで「1ドル＝100円」で輸出していたのが、「1ドル＝90円」になったら……同じ1ドルのものを輸出しても日本企業の売上げは100円から90円に減ります。

となると日本企業も苦しくなり、株価も下がる……。日本の代表的な平均株価を構成している日経225銘柄は、輸出中心の企業が占める割合が高いのです。

マーケット関係者の頭のなかでは「円高＝日本株下落」「円安＝日本株上昇」というイメージが強くあります。2つのことはセットになっています。

株が下がれば株を多く持つ富裕層は、「ソン」するわけですから、消費が減ります。これは、言うまでもなく景気を悪くすることになりますね。

さらに私たちが加入している公的年金を管理・運用しているGPIF（年金積立金管理運用独立行政法人）などは、多くの日本株を持って運用しています。ですから、株が下がれば厚生年金など公的年金の運用利回りが下がります。

これは将来の私たちの年金受給額を減らすのです。

❷の動きについて☞ 円高になると 輸出企業の経営が苦しくなる！

次は、図の中の❷の動きです。

円高になると、日本の自動車、機械、半導体関連といった輸出企業の競争力が下がります。経営は厳しいですね。

そこで**円高が続くと予想されると、こうした企業は工場を輸出先の国を中心とした海外に移転します。**

すると国内の工場が縮小します。これは国内での失業者が増えることを意味します。

いずれにせよ景気は悪くなります。

はじめに　そもそも「為替」とは何だろう　7

❸の動きについて ☞ 円高になると物価が下がる！

次は❸です。

日本は「輸入依存国」です。いろいろなもの——たとえば原油や天然ガスなどのエネルギー資源、各種鉱物（銅、アルミ）、また多くの食料品を、輸入に頼っています。

円高になるとこれらの価格が下落しますね。そうなると景気も上向きません。多くの製品価格も下がります。

ただ、ガソリンや小麦などの価格が下がるのは、家計にとってはありがたい話ですね。ガソリン、灯油価格などだけではなく、電気料金などもやや遅れて下がります。

❹の動きについて ☞ 円高になると、米国がインフレ気味になり金利が上がる！

では次は❹を見てみます。

円高ということはドル安でもあります。米国にとってドル安は、国内物価の上昇を意味します。

いわゆる「インフレ懸念」です。こうなると金融は引き締め気味になり、金利が引き上げられ、それが米国株を下落させ、景気の足を引っ張る可能性があります。

そしてこのことが、回り回って日本の景気悪化につながるかもしれません。

❺の動きについて☞外国人観光客が減り景気も悪化する！

　円高は海外からの旅行者を減らすでしょう。訪日中に日本国内で円で買い物するには、その国の通貨を日本円に換えなければなりません。でも円高だと、以前よりも少額の円しか手に入らないのです。

　少なくともこの程度には、円高（為替の変動）は私たちの経済社会を変えていくのです。とくに、中長期にわたって円高が進行する場合には、以上のうち❶❷❸が日本の経済社会を根底から変えていくことになります。

なるほど！「為替が動くとどうなるか」、を読むのは大事だ！

　さてさて……、では以上のような為替相場の変動が、私たちの経済社会、日々の生活にもたらすインパクトを、どのように理解すればいいのでしょうか？

　本書では、「為替が動くと、世の中どうなる？」を手に取るように理解するために書いていきます。経済や為替、金利、金融などにそれほど詳しくなくても、「へえ〜、こういう仕組みで動くのか」とわかるように、主に為替から経済を見ていきます。

　テレビや新聞の経済ニュースの意味が、どうもわからない。そういう人のための本でもあります。

おお！　それはありがたい！

はじめに　そもそも「為替」とは何だろう　9

データのところなど、むずかしそうに見える箇所もありますが、最初のほうで仕組みを押さえていますので、理解していただけるはずです。
　為替がわかれば経済の動きがわかり、ときには「先読み」もできます。たとえば円安になると輸入製品の価格が上がるな……、となると物価も上がるな……というふうにイメージできるのです。

為替がわかれば、経済や生活が見えるんだ！

　また、普段のビジネスの現場で、経済の話をスラスラ話せるようになります。いろいろな経済現象（景気や金利や輸入、輸出……）は、ほとんどすべて、為替がからんでいます。
　為替がわかれば経済が見えてくるのです。

為替や金利は、どちらが主導で動くか──がモンダイ？

　ここで最初に、大切なことを押さえておきます。

　PART１では、「どんなことが起こると（たとえばアメリカの金利が上がる）為替レートはどうなるか」を見ていきます。
　PART２では、「為替が動くとどうなるか」（つまり金利や景気はどうなるか）を見ます。

つまり、逆方向から見ていくわけね！

　両者は同じようで実は微妙に（あるいは、かなり）違います。たとえばPART１の２では、金利が上がると、その国の通貨が買われ、為替が上昇することを説明します。しかしPART２の２では、為替が上昇すると見込まれると、金利は低下することを書きます。

「いったい、どっちなんだ！」

と思われる方も多いと思います。

実は、**経済現象と為替の関係は、2者間の関係でどちらがイニシアティブを取るかで、組み合わせは真逆になることもあるのです。**

 イニシアティブ……どういうことなの？

「イニシアティブを取る」とはどちらが主導するか、ということです。これが経済メカニズムの、ややこしいところです。たとえば**為替と金利……どちらが主導権を握っているかで、結果はまるで違ったりもします。**

為替と金利の関係では、金利が主導権を取って為替相場を動かすのが通常です。景気と為替の関係もそう。日本の景気が良いことが主導権を取る場合には、円高になりがちです。

しかし、円高になれば（日本の株は下落し）、景気が悪化あるいは後退することもあるのです。

経済現象はすべて為替変動が先に起こって、景気や金利が動くのではありません。 為替とはあまり関係なく、金利が変動することもあるのです。たとえば「政策金利（⇒P64参照）」などですね。

為替変動で起こる経済現象（たとえば景気や金利の変動）と、為替にあまり関わりなく起こる経済現象では、「組み合わせ結果」が逆になることもあるのです。

たとえば為替変動がきっかけで金利が動く場合は、円安・ドル高で日本の金利が上がることが多いのです（⇒P79参照）。しかし金利の変動がきっかけになって為替が動く場合は、日本の金利が下

がって円安・ドル高になる傾向があります（⇒P65参照）。

げー！　真逆じゃないですか！

　とは言え、必ずしも真逆の関係になるわけでもありません。すべて約束通りというわけではないから、経済は面倒なのです。
　ただ前述の景気と為替の関係でも、円高が先にあり、日本の景気が悪化するというパターンです。

つまり多くは、為替が動いて他の現象が起こる!?

　その証拠に「円高で景気悪化」といった表現は多用されますが、「日本の景気が悪化したため円安」といったフレーズは見かけませんね。

日本は輸出入が多い国だから、為替の動きは経済を大きく動かす

　そもそも日本経済は、とくに為替相場の影響を強く受けがちです。これはあらゆる産業の基礎となる原油などのエネルギーのほか、資源、多くの食料などを輸入に頼っているからです。それだけに、**円高・円安といった為替の動きを常に注意して見ておくと、経済の動きにも敏感になります。**
　とは言え、あまり神経質になってもいけません。
　円高・円安は、「急激に上下する」ことのほうが問題なのです。とくに企業経営にとってはゆるやかな円高、ゆるやかな円安は、さほど大きなショックは及ぼさないものです。

　　　　　　　　　　　＊

「風が吹けば桶屋が儲かる」ということわざがあります。ご存じな

い方もいるでしょうから軽く説明しますと……。

風が吹けば桶屋が儲かる……で経済を見る

風が吹く→土埃が舞い上がる→目の病になる人が増える→目が見えなくなって三味線弾きになる人が増える→三味線は猫の皮でつくられているので野良猫が減る→すると鼠が増えて桶をかじる→桶屋が儲かる

　経済にも、多少ながら似た面はあります。**円高になると株価はどうなる？**　**金利はどうなる……？**　そうなると景気はどうなる？　**物価はどうなる……？**　というように、いろいろなことがつながりながら、進んでいくのです。

　しかし、面白いことわざと経済は違います。経済にはきちんとした筋道、メカニズムがあります。本書はそこをできるだけやさしく、説明するつもりです。
　読み終わったときには、今までぼんやりモヤに覆われていたいろいろな経済の動きが、相当クリアーに見えてくるはずです。

角川総一

目次

伝説の金融アナリストが教える！
為替が動くと、世の中どうなる？

はじめに　そもそも「為替」とは何だろう ……………………… 3

- 決してむずかしくはありませんよ！　3
- 「相場」と言うぐらいですから為替は"変動"します　4
  - 図　円高ひとつで、この程度に世の中は変わる！　5
- 図を見ながら順番に見てみよう！　6
- 為替や金利は、どちらが主導で動くか──がモンダイ？　10
- 日本は輸出入が多い国だから、為替の動きは経済を大きく動かす　12
- 風が吹けば桶屋が儲かる……で経済を見る　13

プロローグ

要するに「為替」の基本の仕組みとは、どういうものだろう

まずはじめに、「為替」というものを
ざっくり理解しておきましょう。

1　為替の"起源"について、サクッと押さえておこう ………… 26

- 為替のもともとの語源は、「物々交換」と似ている!?
- 世界でも、通貨の「交換比率」を決めておかないと……

2 為替とは何かを、少しでいいから知っておきたい！ ……… 30

- ■ 円やドル以外の「為替」って、日本でも昔からあった
- ■「内国為替」は江戸時代から一般化していたことなのです
- ■ 今の銀行と昔の両替商は微妙に違う

3 現在における「内国為替」「外国為替」の仕組みとは？ ….. 34

- ■ 現在の内国為替の仕組みを押さえておく
- ■ 外国為替市場の仕組みも同じようなものなのです

4 外国為替の大まかな仕組みを知っておこう ……………………… 36

- ■ そもそも外国為替では、お金はどんなふうに動くのだろう？
- ■ 交換比率は、どんな仕組みで決まるのか？

5 「通貨の売り買い」って、要するにどんなイメージ？ ……… 38

- ■「通貨の売り買い」という考え方を知っておきましょう
- ■ 小判で持つか？ 丁銀で持つか？ それが思案のしどころ
- ■ ドルで持とうが円で持とうが、個人の自由なのです
- ■ 少し視点を変えて見てみましょう！

6 ひとまず「円高・円安」について見てみよう ………………… 42

- ■ 1ドル＝100円が1ドル＝80円になるのに、なぜ「円高」なのか？
- ■ なぜ「1円＝ドル」ではなく「1ドル＝円」なのか？

7 円高・円安が企業へ与える影響を押さえておこう ………… 44

- ■ 円高・円安のメリットと「基軸通貨」とは？

■輸出の多い企業は円高だと不利になるんです！

8 円高・円安の意味と、「通貨を売買する」ことの本質とは? … 48

■円高で海外の商品が安くなり、海外旅行もお得です！
■トータルで見れば円高が有利⁉
■買う、売る、交換する、支払う……このあたりを少し整理する

9 「外貨を持つ」ということの本当の意味 ……………………… 52

■最も安心できるのは「金」だけれど……
■為替相場を利用すれば「為替差益」が得られることもある
■外国の通貨で預金することを、「外貨預金」と言う
■FX（エフエックス）って、要するにどんなものか？

PART 1

いろいろな経済現象と 為替の関係は?

まず、「金利や景気が動くと為替相場はどうなるか……」
いくつかのメカニズムを見てみよう。

1 景気と為替相場の密接な関係を見てみる ……………………… 60

■景気が動くと為替は、どう動くのか？
■為替相場に最も影響を与えるのが、ズバリ、「景気」です！
■個人消費が深く関わっている場合は、やや例外
■景気が良くなると金利も上がる！

2 「金利変動」が為替相場に与える影響をサクッと見ておこう ……………………… 64

- ■「金利」は為替相場に、どう影響するか？
- ■金利の高い国にお金が集まるのです！
- ■「社債」を発行するときにも影響する

3 物価が変動すると為替相場はどうなるか？ …………………… 68

- ■「購買力平価」って、何なのかを押さえましょう
- ■物価が上がれば為替相場を引き上げるのだろうか？

4 株価が為替に与える影響とメカニズムを見てみよう ……… 70

- ■株価が動くと為替も動くのが一般的だが……
- ■日本株が上昇していると「円高」に！

PART 2

「為替」が動けば何がどうなるのだろうか？

輸出入の多い日本は為替相場の影響を受けやすい！ では為替レートが動くと、景気や金利や物価は、どう動くのだろう。

1 為替相場が物価に与える影響 ……………………………… 74

- ■円高・円安は物価に直結するのです！
- ■ドル建て、円建て……どこが違うんだろうか？
- ■輸入商品が安くなれば、国内産も下げざるを得ない

2 為替変動が金利に与える影響 ……………………………… 78

■円安になると国内金利が上がる傾向にある⁉
■「円安が進みそうだ……」⇒日本の金融商品は売られる⁉
■資金調達の場合は、金利とともに為替相場が重視される！
■「これから円安になるだろう」という "予想" が金利を上げる

3 為替相場が輸出活動に与える影響 ……………………………… 82

■円高で輸出企業は、なぜ不利になるのか？
■円高になると輸出業者の手取りの円資金が目減りする？

4 円高は企業の現地生産を促進し、空洞化を招く ……………… 86

■円高は輸出の場合は不利になるから「現地生産」！
■国内の産業の空洞化がモンダイ⁉
■生産拠点を海外に移すと、他にはどんな影響が？

5 為替相場が輸入活動に与える影響 ……………………………… 90

■「輸入」をドル建てと円建てで比べてみる
■「プラザ合意」って、どんな意味があったんだろうか？

6 為替相場が株価に与える影響 …………………………………… 94

■為替のニュースは貿易関係者だけのものではない？
■昔より、為替の動きが株価に大きく影響しなくなった？

7 為替相場と株価の動きはワンパターンではない …………… 98

■どこの国でも「通貨高⇒株安」なのか？

- ■貿易黒字か赤字かで、株価に与える影響も変わる？
- ■米国にとって「ドル高」は絶対に有利！

8 機関投資家は為替相場を大きく動かす …………………… 102

- ■そもそも「機関投資家」って何だろうか？
- ■機関投資家は、いろいろなものに投資する

9 ヘッジファンドは為替相場を、どう動かすか？ ……………… 104

- ■要するに「ヘッジファンド」とは？
- ■ヘッジファンドは中長期の為替レートにはあまり影響しない？

10 政府の市場介入と為替相場の関係は？ …………………… 106

- ■「中央銀行」（日本なら日銀）が為替に介入するときの仕組み
- ■介入するときに、資金はどこから出すのか？
- ■介入の指示は「政府」が出す

11 「円キャリー取引」がキーワード! …………………………… 110

- ■世界のマネーフローを読む最大のキーワード
- ■機関投資家などだけが円キャリー取引をやったのではない
- ■「円キャリー取引」が頻繁に行なわれる条件はあるの？

12 世界経済が不安定になると円が買われる理由 …………… 116

- ■「日本」は本当に「大借金国」なのか？
- ■民間部門（企業と家計）も、日本経済の一部です！
- ■各国の対外純資産を見てみよう
- ■震災後に円高が進んだ理由は？

PART 3

為替データの"種類"と"読み方"を見てみよう

そもそも、外国為替の取引には、どんなものがあるのだろう。
いくつかのデータやグラフを元に探ってみよう。

1 為替はグローバルに動く ……………………………………… 124

- ■要するに「経済のグローバル化」って、どういうことか？
- ■先進国が「規制緩和」したのは、第二次オイルショックが原因？
- ■日経新聞が大きな情報源です！

2 外国為替市場は24時間休まない ……………………………… 128

- ■外国為替市場は24時間世界のどこかで開かれている
- ■しかし、今や「世界のどの市場……」という考えはない

3 銀行間取引の為替レートとは? ………………………………… 130

- ■「外国為替市場」という施設があるわけではない
- ■「東京外国為替市場」の直物円相場を読む
- ■為替レートは、「前日からどう動いたか」が大事です

4 対ユーロ（1ユーロ=円）も重要です ………………………… 136

- ■最近は「対ユーロ」の動きも大事になってきた
- ■「外為市場」というコラムを見てみよう
- ■記事を細かく見てみる

5 対顧客向け為替相場とは? ···················· 140

- ■大口の法人顧客相手の為替レートとは?
- ■主に個人相手の為替レートは、どう違うのか?
- ■個人が外貨を両替するときなどのレートには手数料がかかる
- ■ＴＴＳ、ＴＴＢの手数料は、通貨によってこんなに違う!

6 先物為替相場を読むポイント ···················· 146

- ■そもそも先物為替取引とは、どういうもの?
- ■契約時に為替のレートを決めておけばリスクもない
- ■「輸出予約」というものもある!

7 銀行間での為替先物取引とは? ···················· 150

- ■「先物レート」は、どんなふうに決まるのか?
- ■先物レートも「銀行間の取引相場」が基準になる

8 米ドルが世界の基軸通貨です ···················· 154

- ■多くの通貨のなかで最も信頼できるのが「基軸通貨」!
- ■「外貨準備高」もドルがトップだ!
- ■しかし今のドルはそんなに強くない

9 基軸通貨と「クロス・レート」 ···················· 158

- ■ドル以外の2つの通貨の交換レートも、米ドル基準です
- ■クロス・レートの計算方法はカンタン!

10 ネットで為替情報を読む ································ 160

- ヤフーファイナンスのサイトを見てみよう
- こんな利用もできる、ネットデータ！
- ネットなら「いつから、いつまでのデータ」、と設定できる

11 実効為替レート指数欄の読み方 ······················ 166

- 対ドルだけ見ていると見落とすこともある
- 実効為替レートを見れば通貨の強さが"総合的"に比較できる！
- 実効為替レートの計算方法も、ついでに押さえておこう
- 実効為替レートをたとえて言うと……

PART 4

「為替」は経済構造まで変えてしまう！

為替の変動は、ときには産業構造を変えてしまうほどの大きなパワーがあるのです。

1 為替レートの変動は「富の移転」を促す ··············· 176

- 為替レートが動いて起こる影響を俯瞰的に見てみよう
- 「富の移転」は家計にも及びます！
- 「富の移転」という視点で経済を見てみよう

2 為替相場は国際貿易における
「スタビライザー（バランサー）」です ⋯⋯⋯⋯⋯⋯⋯ 180

- 為替は価格（物価）に大きな影響を及ぼす
- 為替は変動することで経済を安定させている
- 2008年の「リーマンショック」を見てみよう
- 韓国が強くなった経緯を見てみよう

3 円は最強通貨か最弱通貨であるかの両極端である ⋯⋯⋯ 186

- ドルに対する円の為替レートを確認する！
- 世界不安が高まると円が買われる！
- 現在は世界的に景気が良いから円安、とも言える

4 固定相場制と変動相場制 ⋯⋯⋯⋯⋯⋯⋯⋯⋯⋯⋯⋯⋯⋯⋯ 190

- どこの国の通貨でも毎日変動しているわけじゃない
- 日本も50年前までは固定相場制だった

5 原油価格の動きは為替にどんな影響を及ぼすか? ⋯⋯⋯ 194

- 原油価格の動きは、教科書通りにはいかない！
- 原油高のときにはドルが安い
- 円高と原油価格上昇のフクザツな関係

6 為替売買の9割以上が投資、投機によるものである ⋯⋯ 200

- 貿易などでの為替取引は、ごくわずか！
- 投資や投機の為替取引には「実体」がない
- 投機筋が大きく動くと「通貨危機」も起こる
- アジア経済危機のことを振り返ってみる

- ■ヘッジファンドが大きく絡んだ⁉

「為替」が教えてくれたこと──あとがきに代えて …………… 205

- ■為替が動くとどうなるか、という「因果関係」に重点を！　205
- ■どんなデータを見ればいいかを意識する　206
- ■私の仕事の「原点」は……　206
- ■インプットよりアウトプット！　207
- ■常に「因果関係（つながり）」で経済を見る　208
- ■マッキントッシュ（Mac）に助けられた　209
- ■チェロとヴァイオリンの時間のなかで　210

索引&用語解説 ……………………………………………… 212

本文DTP	ベクトル印刷㈱
イラスト	かねこひろこ
編集協力	ケイ・ワークス
カバーデザイン	小口翔平＋三森健太＋
	山之口正和（tobufune）

プロローグ

要するに「為替」の
基本の仕組みとは、
どういうものだろう

まずはじめに、「為替」というものを
ざっくり理解しておきましょう。

1 為替の"起源"について、サクッと押さえておこう

為替の大元の起源は、何と古代にまでさかのぼります。「物々交換」を連想してください。

為替のもともとの語源は、「物々交換」と似ている!?

話をいきなり、「古代」の風景に変えます。しかし、「為替」と無関係ではありませんから、ご心配なく。

古代、海辺の近くの村では桜貝の貝殻がお金でした。海藻や各種のお魚、素焼きの土器を売り買いするにも、桜貝で支払うことが習わしでした。

一方、山里では黒曜石の切片がお金として使われていました。

あるとき、海辺の村人と山里の村人が出会い、「それぞれの生活圏にはない食料を交換したい」と考えました。海辺の村人は鹿肉が欲しかった。山里の人々は小アジを手に入れたかった……。

「石」と「貝」の交換レートが為替なんですか???

そこでは、桜貝の貝殻1枚と黒曜石の1片の「交換比率」を決める必要があったのです。「桜貝5枚が黒曜石1片と同じ価値」というように決めないと、海辺の食料と山里の食料を、どう交換していいかわかりませんね。

すでにここで「通貨交換」という「為替」が誕生したのです。

為替のもともとは物々交換!?

桜貝が通貨　　　　　黒曜石が通貨

お互いが食料を交換するとき、桜貝と黒曜石の「交換比率」を決めなければならない！

 世界でも、通貨の「交換比率」を決めておかないと……

　世界各国、地域ではそれぞれ固有の通貨を使っています。
　米国では古くからドルを、ドイツでは古くはマルクを1999年からはユーロを、日本では古くは銭（せん）、文（もん）という単位、現在では円と呼ばれる通貨を使っています。

　現代のような貿易が行なわれ始めたのは、大航海時代の16世紀頃です。コロンブスが、新アメリカ大陸へ到達し、ヴァスコ・ダ・ガマがアフリカ海岸を経てインドに航海したことで、自分たちの生活圏にはない様々なモノを発見するに至るのです。

 それ、教科書で習った！

　こうして、欧州の人々はインドやアフリカでなければ手に入らない香辛料、綿花、あるいはコーヒーなどを買い求めようとしました。

このように最初は自分の国では手に入らないモノを入手するというのが、貿易の主な目的でした。

ふむふむ……なるほどねえ！

　その後近世になってからは、自国でも手に入るが、それよりも他国で買ったほうがより品質の良い製品（たとえばワイン）を買い求めるという取引も加わることになります。

　さて――。
　そこでひとつ問題がありました。たとえば英国では古くからポンド、シリングという単位での金貨をお金として使い、インドではルピーという通貨を日常的に使っていますね。英国人がインドのコショウ、綿花を買い求めようとすれば、インド人が日常用いているルピーで支払わなければなりません。
　一方、イギリスから布地を買うインド人はポンド、シリングのお金を支払うことが要求されたのです。互いに日常的に国内では使っていないお金での支払いが必要になります。

　ここで生じたのが「**我々が使っているポンドとインドルピーの交換比率をいくらにするか**」という**問題**でした。基本的な考えは、先ほどの、桜貝と黒曜石の交換比率と同じです。

ポンドとルピーの交換比率を決めないと貿易できないですね

　最初の頃は、イギリスが半ば強要する格好で、インド人から綿花やコショウなどを買い求めたでしょうから、自分たちに都合のよい交換比率が用いられていたはずです。しかし、いつまでもこれでいいわけがありません。

異なる国でモノを売買するときは……？

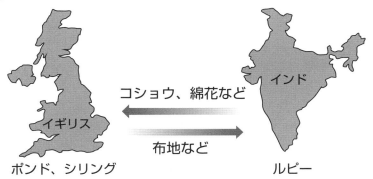

互いの通貨を交換するときの
交換比率が決められた

ただし日本語で言う「為替」は、「異なる通貨の交換」という意味ではなかった（☞次項）

　こうして、**通貨を交換するときの交換比率が設定された**のです。両国には一定の手数料を取った上で、こうした通貨を交換することを仕事にする会社ができました。

　一種の両替業者ですね。

　なるほど、これが私たちが今普通に使っている「為替」という言葉の起源なのね？　とおっしゃる方が多いと思います。しかし、事情はちょっと違うのです。

　日本語で言う「為替」とは、決して以上のような異なる通貨の交換、という意味で使われ始めた言葉ではなかったのです。

　話は少し横道にずれるかもしれませんが、これは押さえておくべきことですので、次の項目から簡単に触れておきます。

2 為替とは何かを、少しでいいから知っておきたい！

異なった国で通貨をやり取りするのが「外国為替」。国内の企業などがお金をやり取りするのが「内国為替」。

円やドル以外の「為替」って、日本でも昔からあった

「為替」などという、近代的な匂いのする経済用語は、明治以降に日本にもたらされたものだと思われるかもしれません。多くの方にとって、「為替」＝「外国為替」という言葉からイメージされるものは……。

国際金融市場の中枢で巨大銀行のディーラーが円、米ドル、ユーロ、英ポンド、豪ドルといった様々な通貨の売り買いを頻繁に繰り返しているといった風景なのでしょうから。

しかし、現在の「為替」と同じ意味の言葉がすでに鎌倉時代から「カワシ」とか「かえせん（替銭）」といった言葉として使われていたと言えば驚かれるでしょうか？

へえ、鎌倉時代から「カワセ」があった！

遠隔の地にある者が、貸し借りを決済するとき、現金を送付するのは危険でした。手形・小切手・証書によって送金を処理する方法があったのです。鎌倉・室町時代にはカワシと言い、手形による「替銭（かえせん）」また、米を使う「替米（かえまい・かわしま

い）」がありました。

　為替を「為」と「替」に分けてみましょう。為は、「為す＝なす（≒行動する）」です。
替は「替わる」「替える」。
　つまり、「為替」とは「替えるという行為をする」、という意味です。異なる通貨の交換を指す言葉としてはピッタリですね。しかし、わが国で使われていた「為替」は少し違ったのです。
　ちなみにこれを「内国為替」と言います。

為替は「替える」という行為かな？

　銀行などに就職すると最初の研修でまず学ぶ「為替」は、円とドルなどの「外国為替」ではありません。まずは「内国為替」について学びます。
　「外国為替」よりも「内国為替」のほうがよほど銀行にとっては中心的な業務なのです。（銀行の３大業務は「預金」「貸出」そして「内国為替」）。──これこそが「為替」の原点です。

「内国為替」は江戸時代から一般化していたことなのです

　江戸時代初期には「内国為替」の取引がすでに一般化していました。詳しく説明しましょう。

　山形の庄内地方でとれた庄内米……。大阪、京の街では一級品です。これが北前船に積まれて京の都、さらには鴨川、淀川を下って大阪の米問屋が買い付けます。
　このとき、大阪の米問屋（甲）が仕入れた米の買い付け代金を、庄内の米の売り主（乙）に支払うにはどうすればいいでしょうか？

プロローグ　要するに「為替」の基本の仕組みとは、どういうものだろう

このとき、大阪の業者（甲）は買い付け代金を大阪の両替商に持ち込みます。この両替商が「銀行」の前身です。

 両替商が銀行の前身なんですね

両替とは文字通り、種類の異なる貨幣の交換です。これを商いとしていたのが両替商です。1609年徳川家康が、3貨（金、銀、銭＝鉄）の交換比率を定めたとも言われています。

 ## 今の銀行と昔の両替商は微妙に違う

確かに銀行の前身は両替商です。しかし、銀行は「資金の余った部門からお金を集め、不足している部門に貸し出して差益（利ざや＝金利差）を稼ぐ」ことが本業です。「異なる種類のお金の交換」という両替商とは、少しイメージが違います。

つまり、大阪の両替商は、庄内の両替商に、

「甲から所定の代金を確かに預かっている」
「庄内の米業者の（乙）に支払うべき金額として受け取った」
「乙からの要求があれば支払ってほしい」

という意味の証書などを送ります。それを受けた庄内の両替商は乙の申し出に応じて所定の金銀、小判を乙に支払います。

つまり、**遠隔地間での取引の時間コストなどのためではなく、手形や証書などを用いて金銭を取引していた**。これが為替取引のもともとの姿でした。

時代劇などで、両替商は、黒幕的なワルとして登場することがあります。実際、お金を動かしているのですから不正もあったでしょう。もちろん多くの両替商は真面目だったと思いますが……。

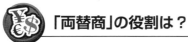

「両替商」の役割は？

山形の庄内米が大阪の米問屋へ！

↓

大阪の米問屋（甲）は代金を大阪の両替商に！

↓

大阪の両替商は庄内の両替商に――

①甲からの代金を預かっている
②庄内の米業者（乙）に支払うべき金額である
③乙からの要求があれば支払ってほしい

――と知らせる ↓

庄内の両替商は「乙」に代金を支払う

家康が決めた金1両＝銀50匁＝銭4貫文という比率は、その後の需給バランスなどに応じて変更された。事実上の「変動相場制」！

 「おぬしもワルよのう……」と両替商が登場したりしますね

　この場合、大阪の両替商の帳面には「庄内の両替商への未払金」が記帳され、庄内の両替商の帳面には「大阪の両替商からの未収金」として記帳されます。あとは大阪と庄内の両替商の間で、貸し借りを決済すればよいのです。

プロローグ　要するに「為替」の基本の仕組みとは、どういうものだろう　33

3 現在における「内国為替」「外国為替」の仕組みとは？

「内国為替」について、大ざっぱでいいから、事例をあげながら押さえてみよう。ココが「為替」を知るキモです。

 現在の内国為替の仕組みを押さえておく

もう少し「内国為替」について、解説してみましょう。

大阪のメーカー「すばる精機」が東京の「ヤマダ電産」から50億円の半導体部品を購入しました。すばる精機の取引銀行はA銀行、ヤマダ電産の取引銀行はB銀行です。

この場合、**買い手のすばる精機はA銀行の口座から50億円をB銀行に引き渡します。**つまり、すばる精機の口座からマイナス50億円、B銀行の口座がプラス50億円となるのです。

 なるほど、これが国内の為替取引か！

同時にA銀行はB銀行に代金を振り込むよう依頼をします。「すばる精機から50億円の入金を受け入れたので、ヤマダ電産の口座に50億円入金してほしい」——と。これを受けたB銀行は50億円をヤマダ電産の口座に入金する、というわけです。

この時点でA銀行の口座は＋50億円、B銀行は－50億円となっています。このときに、50億円の現金がジュラルミンケースに詰められて東京に送られるわけではないですね。

内国為替の仕組み

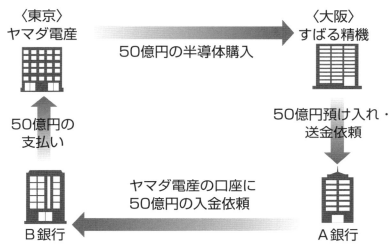

日本の銀行はすべて日本銀行に当座預金の口座を持っています。私たちが銀行に普通預金口座を持っているのと同じです。

国内の会社同士がお金のやり取りをする仕組みは、これか！

つまり、この場合「A銀行が日銀に持つ当座預金から50億円が引き出され」「その50億円がB銀行の当座預金口座に振り替えられる」のです。これが今日、国内で行なわれている内国為替の基本です。

外国為替市場の仕組みも同じようなものなのです

前の項目で説明した仕組みが海外との取引、つまり貿易に用いられているのが外国為替です。すばる精機とヤマダ電産の取引は、ともに「円」でした。しかし、**円で支払い、ドルで受け取るときは、円とドルの交換比率を決めておく必要がある**のです。

プロローグ　要するに「為替」の基本の仕組みとは、どういうものだろう　35

4 外国為替の大まかな仕組みを知っておこう

異なった通貨の売買をするのが「外国為替市場」。ここでの通貨交換比率が「為替レート」。

そもそも外国為替では、お金はどんなふうに動くのだろう？

　日本の穀物商社「小麦社」がオーストラリアの「豪州カンパニー」から１億豪ドル相当分の食用小麦を輸入する——このとき、「小麦社」は国内の取引先銀行・Ａ銀行に90億円を入金し、オーストラリア現地のＢ銀行に送金依頼します。

　このとき、「１豪ドル＝90円」だったとします。

　と言っても現在ではネットを通じて送金されます。**日常的にいろいろな取引を行なっているＡ銀行、Ｂ銀行間で、貸し借りの帳簿の数字を1億豪ドル分だけ電子的に書き換えるだけのことです。**

ネットでパパッとできるわけね！

　そしてオーストラリアのＢ銀行から「豪州カンパニー」へ１億豪ドルが支払われます。これで決済は無事完了です。

　この場合、「１豪ドル＝90円」という交換レートが適用されています。これはこの時点での豪ドル円相場が１豪ドル＝90円だったからです。**この「小麦社が持ち込んだ90億円」の「１億豪ドル」への交換、これこそが外国為替取引です。**

　ではここで言う１豪ドル＝90円という豪ドルの値段（交換比率）

36

外国為替の大まかな仕組み

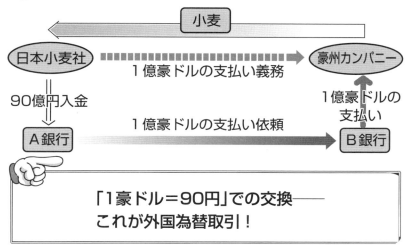

はどのような仕組みで決まったのでしょうか？

交換比率は、どんな仕組みで決まるのか？

結論から言うと、その時々の「日本円」と「豪ドル」の"売り買い"の需給バランスがこの間の交換比率を決めるのです。豪ドルを買う人が多ければ1豪ドル＝85円⇒100円と円は下がり、円の買いが多ければ1豪ドル＝85円⇒75円と円が高くなります。

需給バランスで決まるのか……

その需給バランスを決める要素は、以上のような貿易取引に伴うものばかりではありません。

国境を超えた株式や債券の売り買い、企業の買収、売却に伴うもの、海外旅行に伴う通貨の交換等、多種多様です。

プロローグ 要するに「為替」の基本の仕組みとは、どういうものだろう　37

5

「通貨の売り買い」って、要するにどんなイメージ？

「円」で持つか、「ドル」で持つか……メリットの大きいほうを自由に選べる。ここに「通貨の売買」が生まれます。

「通貨の売り買い」という考え方を知っておきましょう

ところで為替市場では、「円とかドルなどの通貨が売買」されます。お金を売買するって、今ひとつイメージできませんね。

お金は本来、野菜やスマホや自動車などを買ったり、電車に乗ったり、床屋へ行ったりするときに相手方に支払うものですね。つまり、モノ、サービスを買うときの、支払いのための手段＝道具です。

なのに、その支払いのために使う手段そのものを売ったり買ったりって、何か変じゃない？　こんなふうに思う人いるはずですね。

現に多くの教科書には、お金＝通貨の存在意義＝経済的機能については必ず「支払手段」と記されています。

この疑問を解くために、再び江戸時代に戻ります。

また江戸時代ですか？

江戸時代、一両金貨、一分銀、六文銭などの通貨が使われていました。それらの交換価値（両替のときの交換比率）は、需給バランスで変動していたわけです。となると、余裕のある人はお金を「金貨で持とうか、銀で持ったほうが有利か」と思案したはずです。

「通貨の売り買い」が外国為替取引

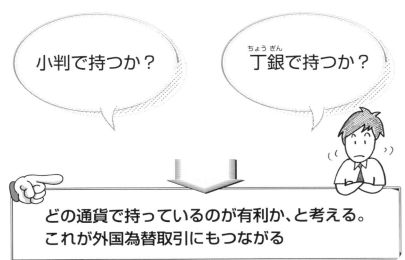

お金にいくつかの種類があり、どれを持っても自由なら、「どの通貨で持っているのが最も有利か」と考えるのは当然でしょう。

小判で持つか？ 丁銀で持つか？
それが思案のしどころ

あるときに1両小判（金貨）＝丁銀50匁であったとします。目端の利いた者が「これから石見銀の産出が増えそうだから、丁銀の価値が下がるかも」と考え、丁銀を売って小判に換えて持っていたかもしれません。

ふむ……これが外国為替取引につながるようだな

ここで行なわれているのはまさに売り買いでしょう。「丁銀」を売って「小判」を買っているのです。

ドルで持とうが円で持とうが、個人の自由なのです

　同じことが、現在の外国為替市場でも言えます。

　たとえば、豪ドルをたくさん持っていたとして……オーストラリアで大きな気候変動があり畜産業に悪影響があったら、オーストラリアの主要産業は農業・畜産ですから景気も下がり、豪ドルの価値も下がります。
　そこで、「この調子だと豪ドルのレートは下がるな……」と思ったら、もっと強い通貨、円や米ドルに買い換えるわけです。

 少し視点を変えて見てみましょう！

　私たちは支払い手段として現金で持つか、普通預金にしておくのか、定期預金か、あるいは証券会社のMRFにしておくのかは自由に選べます。
　普通預金から定期預金にもできますね。
　それと同じことです。

 今は、どこの国の通貨でも自由に売り買いができるんだね

　そしてそれらの多くの通貨を交換する（売ったり買ったりする）場が、外国為替市場なのです。

　将来それで車を買うのか、海外旅行に行くのかは決まっていないとしても、そのための"支払準備手段"として円を持つか、ドルで持つか、ユーロか、インドルピーで持つか……全く自由です。これらの通貨の交換（両替）＝売買はすぐできます。

どの通貨も自由に売買できる

- 現金で持つか
- 定期預金か
- MRFか

どれで持とうが自由。
通貨も、どの通貨で持とうが
自由です！

世界の貿易では圧倒的に米ドルが使われているから「米ドル」との交換比率が大切！

　ですから、その時々で最も有利だと考える通貨を持っていればいいだけのことです。

　ただし貿易では大半が米ドルで決済されているため、わが国での「為替レート」の基本は、米ドルと円の交換比率です。

 日本の場合は「米ドル」との比較が基本になる！

6 ひとまず「円高・円安」について見てみよう

「1ドル＝100円」が「1ドル＝80円」になるのが「円高」、120円になるのが「円安」。それぞれメリット・デメリットがあります。

1ドル＝100円が1ドル＝80円になるのに、なぜ「円高」なのか？

為替について全くの初心者が、「ん？」と違和感を覚えることのひとつが、

1ドル＝100円から80円になると、なぜ「円高」と表現されるのか。

ということです。

そうそう、最初はそこで戸惑うんだよねえ！

まず、そこから説明しましょう。

これは、「1ドルに換えるために円が100円必要」な状態から、「80円で1ドルに換えられる」——つまり、「円の価値が上がった」ことをあらわしているのです。

なぜ「1円＝ドル」ではなく「1ドル＝円」なのか？

では、「1円＝○○ドル」という表示でもいいはずなのに、なぜ「1ドル＝○○円」と表示されることが多いのでしょうか。

42

「円高」と「円安」

1ドル＝100円 ⇨ 1ドル＝80円

⬇

ドルに対して円の価値が上がる

⬇

だから **円高** です

米ドルは世界一メジャーな通貨。他の通貨も
「1ドル＝○ユーロ」というふうに表示される

米ドルは、世界一メジャーな通貨……？

　そう、これは米ドル通貨が、貿易などいろいろな決済通貨として用いられる頻度が最も高いからなのです。要するに世界一、メジャーな通貨ということですね。他の多くの通貨も、「1ドル＝ユーロ、1ドル＝ブラジルレアル、1ドル＝インドルピー」と表示されます。

　言ってみれば、「1ドルを取得するためには、その国の通貨をいくら差し出せばいいのか」という基準で表示されているのです。

7 円高・円安が企業へ与える影響を押さえておこう

輸出型の企業は「円安」だと有利、輸入型企業は「円高」だと有利になります。

円高・円安のメリットと「基軸通貨」とは？

「基軸通貨」というコトバがあります。

　貿易などで軸になる通貨、ということですが、今は断然、米ドルです。そのあとに「ユーロ」「円」「英ポンド」が続く……という図式でしょうか。

 つまり、ドルのほうが普遍的な価値があるわけだ！

　2018年春現在で、「1ドル＝110円」ぐらいです。

　円高になったり円安になったり……これが「為替レート（⇒P130以降参照）」というものです。では、それらが日本経済に及ぼすメリットとデメリットをざっと見てみましょう。

　まず生活に密着しているテーマを見てみます。

　円高が進むと日本国内の物価は全体的に下がります。なにしろ、1万ドルのアメ車は1ドル＝200円のときには200万円出さなければ買えません。ところが、1ドル＝100円の円高になれば100万円で買えます。

　これは消費者である庶民にとっては嬉しいことなのですが、企業の場合はどうでしょうか。

円高・円安の影響は？

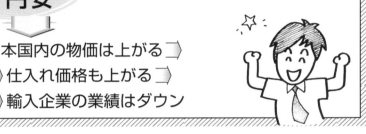

円高
⇩
日本国内の物価は全体的に下がる ⬄
⬄ 仕入れ価格も下がる ⬄ 輸入企業の業績はアップ

円安
⇩
日本国内の物価は上がる ⬄
⬄ 仕入れ価格も上がる ⬄
⬄ 輸入企業の業績はダウン

　円高になると輸入品の価格が下がりますので、原材料を輸入して国内で生産しているような企業は、恩恵をこうむります。となると、業績もアップするでしょう。

中国などで生産（委託）している企業もトクするね！

　最近は、主に中国などで商品を生産している企業も増えました。中国などの企業に生産を委託するのです。こういうところも、「海外で生産した商品を輸入している」わけですから、有利です。

　しかし、逆に円安になれば**輸入に依存している企業は、原材料費などがアップ**します。そのぶん値上げをしたくても、そうもいきません。必然的に業績は苦しくなりますね。

プロローグ　要するに「為替」の基本の仕組みとは、どういうものだろう　45

輸出の多い企業は円高だと不利になるんです！

　主に海外へ商品を販売している企業（輸出型企業）の場合を例にあげて見てみましょう。

　日本の「すばる産業」が、ニューヨークの「ラッキー産業」に自動車を輸出していると仮定します。1台1万ドルの車を1カ月に1000台輸出している場合、売上げは1000万ドルです。円相場が「1ドル＝100円」なら日本円にして10億円です。
　しかしこれが「1ドル＝90円」になったとしたら……

　1ドル90円×1000万ドル（1000台）＝9億円

　……と、こうなるわけです。つまり、為替相場が少し円高に動いただけで売上げがガクンと落ちます。
　逆に「1ドル＝110円」の円安になると、11億円になります。
　ちょっとした為替相場の変動で、売上げ（収入）が大きく変わってくるのです。

なるほど、そういうことね！

　最近は中国だけでなく、東南アジアやインド、アフリカにまで生産拠点を移している企業が増えました。理由は2つあります。
　1つはこれらの国は日本より圧倒的に人件費が安いため、簡単な組み立て作業なら日本国内よりはるかに安く仕上がるということです。2つ目は、ここで述べている為替相場の問題です。

　日本で生産して、たとえばタイ国に輸出する場合、為替相場の影

円高・円安と輸出型企業

〈日本〉 　自動車輸出→　〈ニューヨーク〉
 すばる産業　　　　　　　 ラッキー産業

1台1万ドルの自動車を
1000台輸出している場合
↓
1000万ドル（1ドル＝100円なら）10億円
↓
1ドル90円になると……**9億円に！**
1ドル110円になると……**11億円に！**

円高だと業績ダウン、円安だとアップ！

 最近は生産拠点を海外に移し、為替変動の影響を少なくしている企業も多い

響を受けるのは当然です。しかし、タイの現地で組み立て、完成車を現地で売れば、すべての取引はタイバーツで行なわれるわけですから、為替の影響は受けません。

　まさに企業も生き残りを賭けて、グローバル化を進めているのです。中国製品や他の国の製品は、以前は不良品も少なくなかったのですが、今では「メイドインジャパン」と同じ程度の商品が出来上がってきます。

8 円高・円安の意味と、「通貨を売買する」ことの本質とは？

円高とは、円の価値が上がること。様々な投資家が、価値のある「円」を買い、さらに円高になります。

 円高で海外の商品が安くなり、海外旅行もお得です！

　円高になると、少ない円で海外の商品を輸入できます。輸入商品の販売価格も下がります。消費者にとってはオイシイことです。

　海外旅行に行ったときも、それまでより少ない円で同じ商品が買えますし、そもそも海外旅行代金そのものが割安になります。
　逆に海外から日本に来る人は、それまでより高い値段で日本の商品を買うことになるのです。
　1米ドル＝200円から100円になるということは、ドルが安くなり、円の価値が高くなることです。つまり日本に来た米国人旅行者にとっては、200円のものを買うのに1ドルでよかったのが、2ドル必要になるということです。

　逆に、たとえば1ドル＝200円のときに私たち日本人が1個1ドルのアメリカのレモンを買うには、200円必要だったのが100円でよくなります。円の価値が上がったのです。これが円高です。

 トータルで見れば円高が有利!?

　さて、これだけ国際化が進むと、日本企業のアメリカ支社で働い

円高のメリットは？

 → 少ない円で海外の商品を輸入できる

↓

一概には言えないが、日本で生活する人の消費面だけで見るとオイシイ！

↓

しかし輸出型企業は苦しい！

たり、海外企業の日本支社で働く人も増えています。

そうですねえ、増えましたね

　海外企業の日本支社で働いている人が、給料をドルでもらっていたとします。この場合、週給500ドルの人は1ドル200円だったら日本円に換算すれば10万円。しかし、1ドル100円の円高になれば、それだけで実質的な給与は5万円に半減してしまいます。

　海外に送金するときも円高のときが"お得"になります。たとえばアメリカの息子に月1000ドル送金していたとして、1ドル200円だと20万円が必要ですが、100円の円高になれば10万円でOK。必要なお金は円高のときのほうが少ない円ですみます。
　ケースバイケースで、一概には言えないにせよ、**日本で普通に暮らす生活者の消費面だけで言えば、円高のほうがメリットは大きい**と言えるでしょう。

買う、売る、交換する、支払う……
このあたりを少し整理する

少し視点を変えます。以下の違いはどこにあるでしょう？

①キャベツを買う
②トヨタ株を買う
③ドルを買う

いずれも「買う」なのですが、私たちは①〜③は性格が異なるものだと思いがちです。

違って見えますが……

まず①は、キャベツを買って（手に入れて）いるわけですね。
②は、いわゆる「株式投資」。トヨタ株を"買う"ということをイメージしますね。
これに対して③の「ドルを買う」とは、「円を売ってドルを買う」こと。したがってこれらは、違う種類の取引だと考えるかもしれません。
①、②は「買う」だけであるのに対し③は「円を売ってドルを買う」というように、「何かを売ってドルを買う」というものですから、①、②と③は違う……、こう考えがちなのです。

しかし、これはちょっと考えるとおかしいんですね。
「トヨタ株を買う」ということは「円という通貨」を売って、「トヨタ株を買う」ことです。逆に「トヨタ株を売る」とは「トヨタ株を売って、円（という通貨）を買うこと」です。
つまりどちらも、何かを売って何かを買っているのです。

通貨の売買と「モノを買う」ということは同じ

すべての売買は「交換」であり、モノと通貨を交換している。「交換」が経済の原則！

う〜ん、メンドイけど、何となくわかる！

よく「円高を見越して円が買われ、ドルが売られる」と言います。つまり「円（という通貨の価値）のほうが高くなる」と見込まれるときには、円が買われることを示しています。これは、円とドルどちらを持っていたほうが有利か、という判断に基づく経済行動です。

キャベツの購入、トヨタ株の売買、ドルなどの外貨売買は、いずれも日常的に「売り」「買い」という言葉が使われます。しかし、**キャベツ買い、スマホ買いもトヨタ株買いもドル買いも同じこと。**
つまり円という資産との交換なのです。

ここまでくれば、すべての売り、買いという取引は「交換」であることがわかります。一般の買い物や株式売買、通貨の売買すべてについて言えることなのですが、**経済とはそもそも「交換」から発生したものなのです。経済の本質は「交換」にあるのです。**

9 「外貨を持つ」ということの本当の意味

為替レートは時々刻々と動いているから、その「差益」を狙って儲けることができる!?

 ### 最も安心できるのは「金」だけれど……

ヨーロッパ、東南アジア、南アメリカのほとんどの庶民は、自国通貨以外に金などの宝飾品を資産として持っています。
「資産家ならともかく、庶民が金（きん）を持つ必要なんかないよ。換金しようとしたときに値段が下がっていれば損するもの」

そうそう！　え、違うの？

という感覚が日本では一般的です。これも世界の常識と日本の常識の違いですね。
　幾度も他国に侵入され、一時的にせよ自国通貨が単なる紙切れになった経験を持つ世界中の多くの国では、「いざとなったときに金さえ持っていればいつでもモノが買える。金は紙幣なんかよりよほど信頼できる」というのが常識になっているからです。

 ### 為替相場を利用すれば「為替差益」が得られることもある

世界で最も広く用いられ、安心と言われる米ドルも、為替市場での価値は決して安定しているわけではありません。

2008年9月15日に、アメリカのリーマン・ブラザーズという投資銀行が破綻しました。これに端を発して、次々に世界的金融危機が発生したのです。それまで「1ドル＝100円」ぐらいだったドル相場が、一気に「1ドル＝80円台」にまで下がり、「このままだと50円になるのでは」という声も出ました。

つまり、円高・ドル安です。

米ドルだけでなく、カナダドル、豪ドル、ユーロ……すべての通貨に対して「円高」になりました。豪ドルなどは金利も高く、しかも比較的安定していたので、円を豪ドルに換えて持っている人も多くいました。しかし豪ドルは一時、「1豪ドル＝50円」ぐらい、と一気に半分になりました。

為替にリスクはつきものだね！

しかし10年過ぎた今、米ドルは1ドル＝100円台に、豪ドルは1ドル＝80円台になっています。あのとき売らなければよかった、と思っている人も多いのではないでしょうか。

外国の通貨で預金することを、「外貨預金」と言う

たとえばドルで預け入れるというドル建て外貨預金は、円高（ドル安）のときに預け、円安（ドル高）のときに解約すると、そのぶんの「差益」が得られます。なにしろドルが安いときにドルを買って、高くなったときに売るわけですから。

これが「為替差益」です。逆に、為替レートが変動してソンすることを「為替差損」と言います。

為替変動で利益が出れば「為替差益」だね！

プロローグ 要するに「為替」の基本の仕組みとは、どういうものだろう　53

ここでは、預金金利のことを度外視して見てみましょう。
　1ドル＝100円で預金をして（つまりドルを買い）、1ドル＝200円で解約して円で受け取れば（つまりドルを売って円を買う）、100円が200円になる。安い時期（ドル安）に買って高くなった時点（ドル高）で売れば儲かるのはアタリマエのことです。

　そうです！　為替は「動く」のです。

　その動きを上手に利用できれば為替の売り買い（通貨の売り買い）で儲かる。しかし、逆に言えば**下手に利用すれば損します。**
　為替相場には、基本的にそうしたリスクもあるのです。しかし今の日本は「ゼロ金利」です。正確には0.01％。銀行に100万円預けても、1年間で100円（2018年6月現在）の利息です。
　しかもこの利息に源泉徴収税がかかり、受け取ることができるのは、わずか80円です！
　オーストラリアなどでは年1％以上の利息が付きます。

　もっとも、利息が付いて儲かっても、その間に円高（外貨安）になっていれば、差し引きマイナスのこともあります。
　為替差益を狙うのであれば、常に為替レートとにらめっこし、円高（外貨安）のときに買い、円安（外貨高）で売る――。しかし、**為替相場の予想は株価の予想よりもむずかしい。**
　株は企業業績が基本になりますが、為替はそれこそ変動要因がたくさんあるからです。

FX（エフエックス）って、要するにどんなものか？

　外国為替市場では、円以外の異なる通貨同士の売り買いも頻繁にあることです。それどころか、わが国で個人が行なっている外国為

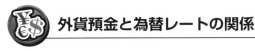
外貨預金と為替レートの関係

1ドル＝100円

このとき100万円で1万ドルを買って預金

1ドル＝120円の
ときに解約（ドルを
売る）すれば
120万円になる

1ドル＝80円の
ときに解約（ドルを
売る）すれば
80万円に減る

＊実際には金利が付き手数料も取られるが、
　ここでは度外視する

日本の預金通貨は「ゼロ金利」。
海外の通貨は金利も高い

　替証拠金取引（通称FX）という外貨取引では「ドル売りのユーロ買い」といった、円から見れば「外貨」と「外貨」の取引も頻繁に行なわれています。

プロローグ　要するに「為替」の基本の仕組みとは、どういうものだろう

為替にはあまり馴染みはない方でも、FXというと「名前だけは聞いたことがあるな」と思われる人も多いと思います。

うん、あるある！

FXとは「外国為替証拠金取引」のことです（Foreign Exchange）。文字通り外国通貨を交換する、というものです。

普通、多くの銀行などが扱っている外貨預金や、外貨商品（外国の株や債券）に投資する場合、手持ちのお金の範囲内でしかできません。100万円しか持っていないなら、100万円以上の投資はできないわけです。

このFX取引をしている個人投資家は俗に「ミセス・ワタナベ」と呼ばれます。つまり、「どこにでもあるワタナベという名前の一般の主婦層に至るまで、この取引が浸透している」ということなのです。

そしてこの一般大衆のFXが一時、世界の為替相場を動かしたことがありました。日本時間で昼の12時になると決まって毎日のようにドル高になるのです。

しばらくして真相がわかりました。日本のサラリーマンなどが昼休みが始まると、スマホを取り出してFX取引をしたことが原因だったのです。

FXは、とてもリスクの高い感じが……

FXは、通貨の交換を専門に扱っているFX事業者に「証拠金」を預け、投資家はその証拠金を担保に、持っているお金以上の金額の外貨が売買できます。

一般には、証拠金の1倍から最大25倍の金額を動かせます（2018年6月現在）。100万円を証拠金として預け、それを担保に1000万円、

FXのメリット・デメリット

メリット

◎少額から可能（数万円、数千円からできる）
◎対象通貨は10以上あるが、主なものは米ドル、豪ドル、ユーロなど
◎「儲ける」ときは金額も大きい！

デメリット
◎手持ち金以上の投資をするため2、3円程度の為替変動で数十万、数百万円の損失が出ることもある

 FXは、常に為替レートをチェックしておくことがポイントになる！

2000万円の外貨を売買できるのです。

　もちろん、倍率を1倍にして100万円を100万円として使う取引手法もありますので念のため。
　しかも、**土日を除く24時間、インターネットで売買できます。**

　預金額が1ドル＝100円で100ドル持っていた場合、日本円に換算すると1万円です。これが1ドル＝101円になっても、為替差益はわずか100円です。
　しかし証拠金を100万円預け、それを担保に10倍の1000万円分のドルを持っていたら……たった1円（1％分）のドル高円安で10万

円の利益が出ます。

　上手にやっている人はかなりの利益をあげていますが、手持ち金以上の投資をするということは、２、３円程度の円高で数十万円、数百万円の損失が出てしまうこともあるのです。

大儲けも大損もあるんだ！

　こうなると証拠金があっという間に消えてしまい、さらに新たに証拠金を預ける必要が出ます。

　FXを始めるときには、儲けも大きい反面、こういったリスクも大きいことを考慮すべきです。言い換えれば、FX投資ではどれだけ小刻みに「リスク管理」ができるかにかかっているのです。

　このように潜在的にリスクを抱えているFXの特性を考慮し、**現在政府は、証拠金に対する倍率（現在25倍）を10倍程度に引き下げるよう検討しています。**

PART 1

いろいろな経済現象と
為替の関係は？

まず、「金利や景気が動くと
為替相場はどうなるか……」
いくつかのメカニズムを見てみよう。

1 景気と為替相場の密接な関係を見てみる

景気が良い国の通貨価値は上がる（為替相場が上昇する）のが原則。たとえば日本の景気が良くなれば外国為替相場では円が買われ、円高になります。

 景気が動くと為替は、どう動くのか？

では、前の章の「為替の基本」を踏まえて、為替や景気などとの「関係性」を見ていきましょう。

言うまでもなく、**「為替が動く」**と、**金利や物価などに大きな影響を与えます**。一方、金利、物価、景気などに変化が起きれば、その動きは為替相場に反映されます。つまり、**「為替」**と**「それ以外のいろいろな経済要因」**との因果関係は双方向なのです。

 「相互関係」というわけだね！

まず、為替以外の要因が為替相場にどんな影響を及ぼすか、についてお話ししていきます。最初に「景気」です。

日本の景気が良くなったとします。すると銀行の預金金利や住宅ローン金利など、「金利」も上がります。となると、国債や日本株などの「金融商品」も、収益性が良くなって売れます。

また**景気が良いと企業の生産量も増えます**ね。余剰生産物は海外に輸出され、その輸出代金（たとえばドル）が円に換えられます。すると、ますます円高になります。

そもそも、景気が良い国には世界からお金が集まるのです。

60

為替相場に最も影響を与えるのが、ズバリ、「景気」です！

　為替相場に最も影響を及ぼすのは、ズバリ「景気」です。
「米国に比べユーロの景況感が好転してきたことで、ユーロが買われる」——といった報道なども、よく見受けられます。

　では、ある一国の景気の良し悪しは、為替相場にどのような影響をもたらすのでしょうか。

日本の景気が良いと輸出も増えるのが普通ですね……

　景気が上昇すると企業活動が活発になるため、往々にして「過剰生産物」が生まれます。こうした過剰生産物は国内の需要をオーバーしているわけですから、輸出に向かいます。
　そうなると、輸出して受け取ったドル資金を円に換えるという為替売買が増えるわけですから、円高・ドル安になります。
　景気の拡大は、その国の通貨価値を引き上げるのです。

　また、日本の景気が良くなれば、米国企業が日本へ進出するようになります。**ある国の景気が良いということは、その国の事業に資金を投資すれば、より大きな利益が得られるからです。**

ん？　どういうこと？

　米国の企業が日本に進出して生産拠点を日本に設置するためには、工場、製造設備、それに付帯する様々な備品が必要です。それを買い求めるためには円が必要です。であれば手持ちのドルを円に換えておく必要があります。当然円高・ドル安になりますね。

PART1　いろいろな経済現象と為替の関係は？　　61

景気が拡大しているのですから「企業業績が順調」⇒「株価の先高期待」⇒「日本株への投資拡大」⇒「ドルを円に転換して日本株を購入」⇒「円高・ドル安」というメカニズムも働きます。

 景気が良くなると円高になるわけだ！

　いずれの場合も、ドルを円に換えるという為替売買が増える結果、円高・ドル安につながります。**景気の上昇は、その国の通貨価値（為替相場）を上昇させるのが大原則**と考えていいでしょう。

 個人消費が深く関わっている場合は、やや例外

　ただし、ちょっと事情が異なる場合があります。それは、個人消費が増えることで、日本の景気が上昇している場合です。
　このとき、一時的に輸入が増えることがあります。

　この場合には、輸入が増えることで貿易収支の黒字額が少なくなったり、貿易赤字額が増えるかもしれません。「円をドルに換える」為替取引が増えますから、円安・ドル高になるわけです。
　輸入拡大は、その国の為替相場下落につながるのが原則です。

 景気が良くなると金利も上がる！

　なお、「景気の拡大⇒金利が上昇⇒通貨が買われる」というメカニズムもあります。
　景気が上昇すると、企業も積極的に設備投資します。すると、お金を借りようとする企業が増え、金利が上昇します。

景気拡大は為替相場を押し上げる

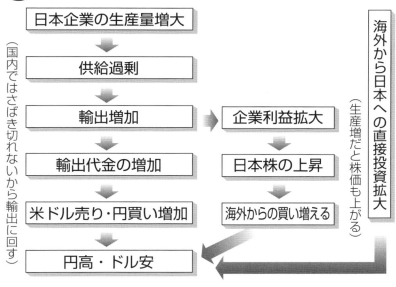

個人消費が理由で景気が上昇しているときには、為替相場の動きが逆(円安)になることもある

 むむむ……そういうことか！

　日本の金利が一段、高くなるわけですから、米国から見て日本の金利商品に投資する魅力も高まります。こうして、米国の投資家から日本の金利商品への「買い」が増えることになるのです。

円高が進みますね!!

2 「金利変動」が為替相場に与える影響をサクッと見ておこう

ある国の金利が動くと、為替相場に影響を与えます。通常、金利の高い国にお金が流れるというのが大原則です。

「金利」は為替相場に、どう影響するか？

　異なる通貨が売買される場所——それが「外国為替市場」でしたね。これはプロローグでも説明しました（⇒P40参照）。このとき短期的に最も大きな要素になるのが「金利」です。

「金利」にはいろいろな種類がありますが、ここではあまり突っ込んだ話はしません。日本であれば日本銀行が、民間銀行が互いにお金を貸し借りする際の金利を一定の範囲に誘導しています。これが政策金利と呼ばれるものです。

日本は2018年現在、マイナス0.1％という「政策金利」！

　この金利の上下によって、各銀行の貸出金利、預金金利、さらには住宅ローン金利などが玉突き現象のように決まります。
　今では日本企業が米国やヨーロッパ市場で、社債を普通に発行しています。ちなみに「社債」とは、企業が資金を調達するために発行する「債券」で、お金を借りたことを証明する「借用証書」のようなものです。

　さて、米国の金利が上がったとします。

金利の高い国にお金が集まるのです！

たとえば１％の米国の預金金利が一気に５％になったとか、10年長期国債の利回りが２％台から急に10％になるようなケースを想定してみてください。

 物事は極端な例のほうがわかりやすいな！

こうなると、米国の金融商品の魅力が高まります。金利が高いのですから、預けておけば高い利息が付きますからね。

この場合、たとえば米国の機関投資家（個人ではなく、大企業、証券会社や銀行、保険会社などのこと）のなかでも最大級の、各種年金ファンド（年金基金）やGEとかGMといった大手の企業の資産運用担当者は、どういう行動に出るでしょう。

持っている日本の債券などを売って米ドルに換えて、米ドル建ての預金にしたり、米ドル建て国債を買い付けるはずです。その過程で、日本国債を売って得た円を為替市場で米ドルに換えるでしょう。

こうなるとすぐに、円安・ドル高の方向に動きます。

 「機関投資家」って、かなり重要な存在のようだ……

これは何も、米国の機関投資家だけではありません。

日本最大級の**機関投資家**である**生命保険会社**も、たとえば**日本の国債を売却して得た円をドルに換える**でしょう。そしてそれを米国の金利の高い債券やら預金に振り向けます。

あるいは、投資信託を扱っている会社（証券会社や銀行）は、米

国の国債を組み入れた投資信託（ファンド）を設定します。**投資信託とは、いろいろな金融商品のうちのひとつです。**

トヨタ株、日産株、日本の国債……これらに投資家が投資するのではなく、投信会社が、いろいろな株や債券をセットにして「１商品」として売り出すのです。投資家はその投資信託を買い、売り出したほうは投資家のプラスになるように運用します。

ともあれ、こうして集まったお金で、**米国の高金利国債を買い、少しでも利益を出そうとします。つまり、金利が「一段高」になった通貨の為替相場は、まず間違いなく上がるのが基本です。**

「社債」を発行するときにも影響する

ところで、前述のように米国の金利が一段高くなったときには、企業の資金調達担当者は次のように考えます。

「これまでは、米国の現地工場で新たな機械設備購入のため１億ドルのドル建て社債を発行していたが、10年債で10％台という高金利になったので、とても米国で発行するわけにはいかない。幸い日本の金利は上がっていないから、日本での発行に切り替えよう」

高い金利の社債を売り出したら、支払う金利も高くなる！

で、１ドル＝100円の時点で100億円の社債を発行し、その100億円を１億ドルにして米国の現地工場に送金する……。

つまり、低い金利の円は売られて安くなり、金利が高いドルが上がるという仕組みが働いているのです。

国内外での金利差は、短期的に為替相場に強い影響力があります。
2017年までの10数年間は、円ドル相場を報じるとき、

米国金利の"一段高"がドル高につながる

```
        ┌──────────────┐
        │  米国の金利上昇  │
        └──────────────┘
                │              ┌──────────────┐
                │              │ 日本の金利変わらず │
                │              └──────────────┘
                ▼                       ▼
        ┌──────────────────────────────┐
        │   米国の金利が相対的に高水準に   │
        └──────────────────────────────┘
                          （日米の金利差が問題）
                    ▼
        ┌──────────────────────────────┐
        │ 米国のドル預金、米国債などの収益性アップ │
        └──────────────────────────────┘
                    （金利が高いほうへお金が流れる）
        ┌──────────────────────────────────┐
        │ 日本の個人、機関投資家が米国債券等購入増やす │
        └──────────────────────────────────┘
                    ▼
        ┌──────────────────┐ （お金が国境を越えて
        │ 円売り・ドル買いが増加 │       移動する）
        └──────────────────┘
                    ▼
        ┌──────────────┐
        │  円安・ドル高に  │
        └──────────────┘
```

お金は基本的に、金利の高い国に集まっていく！

「米国の利上げが、しばらく行なわれないとの観測が強まったために、ドル安・円高が進行」——
「米国の利上げピッチが速まりそうとの予想が強まり、ドル高・円安に」

といった論調が目立ちました。まさに金利が為替相場に対してとても大きな影響力を持っていることを示しているのです。

PART1　いろいろな経済現象と為替の関係は？　67

3 物価が変動すると為替相場はどうなるか？

為替相場は、それぞれの国の通貨の「購買力が均衡する水準（購買力平価）」で決まります。為替相場は、物価動向からも影響を受けるのです。

「購買力平価」って、何なのかを押さえましょう

為替を語るとき、「購買力平価」という考えがあります。これは、

「貿易など経済が基本的に自由である限り、モノはどの国で（どの通貨で）購入しても同じ価格でいいはずである（合理的である）」

という考えです。

たとえば、全く同じ品質のハンバーガー1個が米国では4ドル、日本では400円で売られているとすれば……、「1ドル＝100円」という算式が成立します。この考えが購買力平価です。

言い換えると、ハンバーガーを基準とする以上「1ドル＝100円」が最も居心地のいい為替相場の水準だ、というわけです。

では米国でのハンバーガーの価格は変わらず、日本のハンバーガーの価格が1個360円になったと仮定しましょう。

ハンバーガーの値段で見てみると……

この場合には、購買力平価説によると「1ドル＝90円」が為替相場として安定する水準だというわけです。

購買力平価とは何だろう

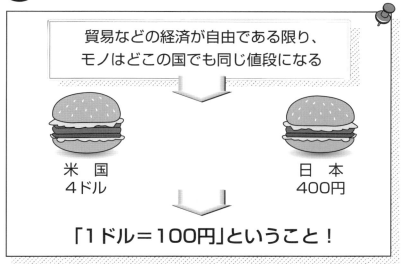

物価が上がれば為替相場を引き上げるのだろうか？

　以上のメカニズムを違った面から説明してみます。

「インフレが急である」⇒「通貨の根源的な価値である購買力が、大幅に下がる」⇒「通貨の最も重要な価値が損なわれるのであれば、他の通貨に対しても交換価値は下がる」——と理解できます。

 やっぱり物価と為替は、切っても切れないね！

　ただし、短期的な為替相場の動きは「購買力平価説」では説明できないのです。購買力平価説は、2年、3年……それ以上の、長期的な為替相場の動きに影響します。

PART1　いろいろな経済現象と為替の関係は？　69

4 株価が為替に与える影響とメカニズムを見てみよう

日本株が上昇すると、さらに株高の期待が生まれ、外国人投資家は日本の株を買います。円の価値が上がり円高へ──。

 株価が動くと為替も動くのが一般的だが……

株価と為替の関係については、とくにわが国では、こんなふうに表現されます。

「円高が一服して、円安気味になったことから、自動車、機械を中心に"買い"が集中し、株価は全般に上昇」

このように「為替」が原因で、「株価」が結果として報じられるのが一般的です。しかし、**注意深く見ていると、株価の動向が為替相場を動かすことも少なくありません。**

 日本株が上昇していると「円高」に！

日本株が順調に上昇しているときには、「さらに日本の株価が上昇するだろう」との期待感から、国内投資家だけではなく海外の投資家からの「買い」も増えます。

ふむふむ、それで……

海外の投資家が日本株を買うときには、彼らは外貨をいったん円

日本株の上昇は円高を促す

日本株上昇

さらなる株高予想

（株式市場に参加している人は「将来の予想」で動く）

外国人投資家による日本株投資積極化

⬇

外貨売り・円買い活発化

（外国人が日本株を買うには「円」が必要）

⬇

円高・ドル安促進

 ここでも、しっかり「通貨の交換」が行なわれているのです

に換えます。このため外国為替市場では「外貨売り・円買い」の売買が盛んになり、外貨安・円高となりがちなのです。

外国人投資家だけではありません。米国株よりも日本株のほうが

PART1　いろいろな経済現象と為替の関係は？　71

上昇しそうなときは、日本の投資家も米国株式を売って得た米ドルを円に換え、それで日本株を買います。

　この場合も同じく、米ドルが売られて円が買われます。

つまり、より上昇のピッチが速そうな株式市場へ資金が流れる！

　そのため、その国の通貨価値も上がるのが原則です。

PART 2

「為替」が動けば
何がどうなるのだろうか？

輸出入の多い日本は為替相場の影響を受けやすい！　では為替レートが動くと、景気や金利や物価は、どう動くのだろう。

1 為替相場が物価に与える影響

> 為替相場の変動は、輸入商品の国内価格に影響します。その関係で、国内の関連商品の価格も動きます。

 円高・円安は物価に直結するのです！

　この章では、「為替が動くと、いろいろな経済現象がどう変わるか」について見ていきます。PART1と同じじゃないかと思われた方、実はこれ、**逆方向から見ている**のです。
　PART1では、様々な経済現象が為替に与える影響を見ました。同じようで、この2つの見方は全く違います。

 両方から見ることで、為替の仕組みもわかるね！

　円高になると、単に輸入品の価格を下げるだけではなく、それと競合関係にある国内生産品の価格も下がります。
　円高でチリやスペイン産のワインが安くなると、日本産のワインも多少値段を下げなければ売れなくなりますね。また、「**円安がこれ以上進むと、わが国のガソリンや木材などの消費者物価はさらに上昇しかねない**」といったニュースは、よく耳にします。

 家計にも影響するんだなあ〜

　そうです。こういうときは、家計も圧迫しますね。
　基本は「円高⇒輸入物価下落」「円安⇒輸入物価上昇」です。

この「為替⇒物価」のメカニズムは、実感としてわかりやすいのではないでしょうか。**円高になればガソリンスタンドでのガソリン価格は下がりますし、円安が進むと上がりますね。**

　実は、わが国の消費者物価の変動率（インフレ率）のうち約80％は、海外での原油価格などの原材料の値段とその時々の円ドル相場によって決まるのです。
　教科書的には「物価は需給バランスで決まる」などと言いますが、日本国内だけに関して言えば、国内の多くの物価は需給バランスなどではなく、国際商品市況と円相場で決まります。
　さて、では国内物価に影響する為替相場のメカニズムとは？

 ドル建て、円建て……どこが違うんだろうか？

　1ドル＝200円から100円へと円高になった場合、原油、鉄鉱石など一次産品（原材料）の輸入業者はどうなるでしょうか。
　まず輸入決済代金が米ドルの場合について考えてみましょう。

　「1ドル＝200円」のときに米ドル建て（つまりドル決済）で1億ドルの原油を輸入するには、手持ちの200億円を1億ドルに換えて支払います。ところが「1ドル＝100円」になれば100億円を1億ドルに換えて支払えばいいですね。
　つまり、**日本の輸入業者は円高によって、より少額のお金で同じ量の原油を購入できる……「安く買える」**わけです。

 では、サウジアラビアからの原油の代金決済は？

　サウジアラビアから日本への原油輸出の決済が、円建ての場合はどうでしょうか。

PART2　「為替」が動けば何がどうなるのだろうか？　75

「1ドル＝200円」のときに円建て（円で決済）で200億円の原油を輸出する場合には、サウジアラビアの輸出業者は「200億円＝1億ドル」を受け取ります。「1ドル＝100円」のときに円建てで200億円の円通貨を受け取った場合には、2億ドルになります。

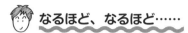なるほど、なるほど……

サウジアラビアの輸出業者は、円建てでの輸出価格を多少下げて輸出しても充分採算が合います。たとえば150億円で売っても1億5000万ドルが得られるわけです。

この場合は、輸入した原油の国内価格は下がります。あるいは円で同じ金額を出せば、より多くの量の原油を輸入することができるのです。こんなときには、輸入量は増える傾向があります。

物価が持続的に下がる状態をデフレと呼びますが、その原因のひとつがこのような円高による輸入物価価格の低下です。
これを輸入デフレ、円高デフレと呼びます。

輸入商品が安くなれば、国内産も下げざるを得ない

では円高は輸入製品あるいは輸入原材料の価格だけを引き下げるのでしょうか。決してそうではありません。

先ほどは円高で輸入ワインが安くなり、国産品も対抗して値下げする例を見ました。しかし、こうした場合には国産品のメーカーにとっては死活問題になることもあるのです。
長期にわたる円高で海外からのタオル、刃物、玩具のほか多くの日常雑貨などの輸入価格がどんどん下がったため、国内での中小メーカーの多くが廃業に追い込まれたケースもありました。

円高になると国内の物価が下がる

```
┌─────────────────────┐
│   円高・ドル安進行   │
└─────────────────────┘
           ↓
┌─────────────────────────┐
│ 輸出代金の円支払い代金減少 │
└─────────────────────────┘
        （円の実力が上がったから少しの円の支払いでOK!）
           ↓
┌─────────────────────────┐
│  円ベースでの輸入価格低下  │
└─────────────────────────┘
                ↓   （ガソリン価格などはすぐ下がるね）
        ┌─────────────────────┐
        │   国産品との価格競合   │
        └─────────────────────┘
                   ↓
        ┌─────────────────────┐
        │    国産品の価格低下    │
        └─────────────────────┘
                （輸入品の価格だけが下がるわけではない）
           ↓
┌─────────────────────┐
│     物価全体の低下     │
└─────────────────────┘
           ↓
┌─────────────────────┐
│    輸入活動の活発化    │
└─────────────────────┘
```

┌──────────────────────────────────────┐
│ 円安による原油価格の上昇は重要!   │
│ 経済全体に波及することが多い   │
└──────────────────────────────────────┘

 消費者と企業では事情も違うね！

　あるいは、輸入商品が円高で劇的に下がったため、極端なコストカットをすることも多くありました。**人件費**などが低く抑えられてきたことも、**多くの生産現場で見られました**ね。

PART2　「為替」が動けば何がどうなるのだろうか？　77

② 為替変動が金利に与える影響

「為替相場が高くなる」と見込まれると、その通貨の金融商品が買われ、その金融商品の金利は低下します。

円安になると国内金利が上がる傾向にある!?

円安・ドル高が進むと予想されるとしましょう。こうした状況のもとでは、以下のような動きが活発になるはずです。

まず第1に——。

これまで、日本の国債など円建ての金融商品を運用してきた日本の投資家は、これを売ってドルに換えます。そしてこのドルで、米国のドル建ての金融商品を購入します。

「1ドル=100円」の時点でこういう投資をして、予想通りドル高になり、1年後に「1ドル=120円」になったとしましょう。「100円」で買った1ドルが「120円」になったのですから、為替だけを考えれば20％分の「差益」が得られたことになりますね。

このようにこれから円が安くなり、ドルが高くなると思われる時期には、米国の投資家も、手持ちの円資産をドルに換えて、ドル建ての金融商品で運用しようとするでしょうね。円を持っている限り、どんどん価値が減価していくのですから。

円安になりそうなときは、円は売られるわけね！

つまり、様々な通貨を売買する、資産運用の大原則とは——、

「運用期間中にその通貨の価値（為替相場）が高くなるような通貨で運用することにより、高い収益性を手に入れることができる」

ということなのです。ではこのような一連の動きは、わが国の金利にどのような影響を及ぼすでしょうか。

「円安が進みそうだ……」
⇒日本の金融商品は売られる!?

円安が予想される場合は、わが国の円建ての金融商品（金利商品）が多く売られますから、これらの商品の金利は上がります。

債券で言うと「日本の債券への売却が増える」⇒「価格が下落する」＝「利回りが上昇する」というわけです。

債券を売るということは、債券を売ってお金を引き出すということ。これは預金を解約して引き出すのと同じです。預金を引き出す人が増えれば銀行はこう考えます。

「引き出さないでください。その代わり金利は上げますね」

銀行も必死ですねえ

つまり債券でも、それを手放して現金にしよう（売ろう）とする人が増えれば、その債券の金利は上がるのです。

一方、日本の債券が売られるのとは逆に、米国の債券への「買い」が増加します。となると、米国の金利は下落傾向になります。つまり、**「為替相場が上昇すると見込まれる通貨の金利は低下、下落すると見られる通貨の金利は上昇する」**ということになります。

67ページでは、「金利が上がると為替レートも上がる」と書きました。しかし、先に為替が上がると金利は下がるのです。経済ではこういうことがよく起こりますので、気をつけておきましょう。

資金調達の場合は、金利とともに為替相場が重視される！

では、逆に資金を調達する場合には、円安はどのような意味を持つのでしょうか。

円でお金を運用する場合は、円安が不利になりましたが、「**調達してからそれを返却するまでの間、その通貨の為替相場が弱くなっていればいるほど、実質的な資金調達コストは低くなる**」のです。

だから日本円での資金調達が増え、たとえば米ドルでの調達が減ることになります。金利の上下より相場変動の影響が重要なのです。

 具体的に見てみると、どうなるの？

「1ドル＝100円」の時点で、米国企業が日本で200億円の資金を調達して、それを自国に持ち帰って使う、とします。2億ドルとして使えるわけですね。

では返済するときに「1ドル＝200円」の円安・ドル高になっていれば、この企業は返済のためのお金をどれだけ用意する必要があるでしょうか？

そう、1億ドルで200億円に交換できるわけです。

つまり、ドルで考えると、2億ドル借りたのに、返すときには1億ドルでよいのです。負担はうんと減ることになります。

 ## 「これから円安になるだろう」という"予想"が金利を上げる

ただし、注意しておかなければならないのは、以上の経済メカニズムは、「為替相場が安くなった」⇒「だからこれからも安くなる

円安は国内の金利を引き上げる

```
┌──────────────┐
│  円安・ドル高  │
└──────┬───────┘
       ▼
┌──────────────────┐
│ さらなる円安・ドル高予想 │
└──────┬───────────┘
       ▼ （これからの予想がポイント）
┌──────────────────┐
│ ドル建て資金運用が有利に │
└──────┬───────────┘
       ▼
┌──────────────────────┐
│ 国内、海外の個人、法人による │ ◀──┐
│   米ドル国債購入増加      │    │
└──────┬───────────────┘    │
（米国債は世界で最もポピュラーな投資資産です）│
       ▼                      ┌──────────┐
┌──────────────────┐          │  円売り、  │
│  日本国債への売却増加  │          │ ドル買い増加 │
└──────┬───────────┘          └─────▲────┘
       ▼ （「買い」があれば裏には「売り」がある）│
┌──────────────────────┐            │
│ 日本国債の価格低下・利回り上昇 │ ───────────┘
└──────┬───────────────┘
       ▼
┌──────────────────┐
│  円の金利が全般に上昇   │
└──────────────────┘
```

 債券が売られ、価格が下がり、利回りは上がります！

だろう」という予想が前提になります。

　その意味では、「**為替相場の変動が金利に影響する**」というより、「**今後の為替相場の変動に対する予想が金利に影響する**」というべきです。──つまり「円安」という過去の現象が国内の金利を引き上げるのではなく、「これからさらに円安になるであろう」という市場関係者の予想が国内の金利を引き上げるのです。

3 為替相場が輸出活動に与える影響

為替相場の変動は、輸出業者の輸出活動に影響を及ぼします。基本は「円高になると輸出は減る」——です。

 円高で輸出企業は、なぜ不利になるのか?

アベノミクスの思い切った景気刺激策で、景気が緩やかながら回復してきた原因を辿っていくと「円安」に行き着きます。**つまり円安が輸出企業の業績を拡大し、それが税収を引き上げ、株価を引き上げ、それが家計消費をある程度、底支えしました。**

企業業績が良くなると、雇用情勢も良くなります。つまり、為替相場の動きが、経済のあり様を根底から変えるのです。
それも、円安で潤う企業だけではなく、経済のあらゆる分野に波及します。今や為替の動きに影響を受けないような経済活動はほとんどない、と言っていいでしょう。

 円高だと輸出企業はソンなのか!?

為替相場の変動が景気に与える影響のうち、最も大きいものが輸出の動向です。**為替相場の変動によって、わが国の輸出企業の業績が大きく変わる**のです。

わが国の企業構造は自動車、電機、精密機器、機械といった輸出関連企業が中核を占めています。これらの企業の売上げの相当部分

を、輸出が占めています。為替が動くと、輸出に伴う実質的な収益も変わります。

　それは景気にも影響します。為替相場は、わが国の景気にとても大きな影響力を持つのです。

　ここでは日常的に米国に輸出している企業の例を取り上げます。

まずは輸出企業の事情からと……

　1年前には「1ドル＝200円」だったのに「1ドル＝100円」になったため、次のように考えた輸出業者（人形製造業）がいるとします。

「1ドル＝200円の時代には原価コスト150円の人形を1ドルで輸出し、200円を手にしていた。ところが1ドル＝100円では同じ1ドルで輸出しても100円しか手に入らない。コスト割れだ」

　ではこの業者は「輸出をストップする」のでしょうか。決してそうではないはずです。**輸出をストップすれば、国内でさばかなければなりません。**それは簡単ではないはずです。

　とすれば、輸出しても採算割れしないような状況をつくらなければならない。その最も簡単な方法は、輸出価格の引き上げです。

　輸出価格を1ドルではなく極端に言うと2ドルに引き上げればいいだけのことです。

　言うまでもなくここで問題になるのが、「では米国の輸入先の業者は、同じ人形を1ドルから2ドルに値上げするという要求を呑んでくれるかどうか」——ということです。

　たとえば2倍になっても売れる、ということになると2ドルへの

PART2　「為替」が動けば何がどうなるのだろうか？　83

値上げを受け入れますね。

でもここでひとつ問題があります。
今までは１ドルで販売していたのが２ドルで販売しなければならないということは、米国内でその製品の価格面での競争力が減退してしまいます。
全く同じ人形が米国で1.5ドルで買い付けることができるなら、誰も日本から２ドルで買おうとはしないでしょう。

 いろいろありますねえ～

しかし「この手の商品は他にはないからな」となれば、「仕方がないよね」となります。これが「価格競争力」です。

円高になると輸出業者の手取りの円資金が目減りする？

円高は輸出業者にとって輸出しにくくなることを意味するのです。

繰り返しになりますが、**円高になると、ドル建てで輸出するときには手取りの円資金が減少する**わけですね。これを避けるためには、輸出価格を引き上げざるを得ません。
ただし輸出価格を引き上げると、たとえば米国内での価格競争力が弱まります。価格を引き上げることができない製品もあるでしょうね。価格を引き上げると売れないこともあるからです。

 うん、そこんとこは何となくわかった！

以上をまとめると、
「ドル建てで輸出すれば手取り円資金が減るし、かといって同じ円

円高は輸出活動にブレーキをかける

```
        円高進行
ドル建て輸出価格が変わらなくても
   ↓
輸出企業の手取り円資金減少
  （円の実力が高まるといっても良し悪し）

手取りの円資金を
確保するためには
   ↓
ドル建てでの輸出価格引き上げ
   ↓
輸出先（米国）での
価格競争力低下                輸出活動低迷
```

（ここで値上げができるか、できないか……）

値上げできなければ利益が確保できず、輸出活動も低迷する

資金を得るにはドル建てでの輸出価格を高くしなければならないので、売りにくくなる」

円高はこのように、様々な問題を発生させるのです。

4 円高は企業の現地生産を促進し、空洞化を招く

ドル建てで輸出している企業が、円高による価格競争力の低下を避けるための手段のひとつが、生産拠点の現地への移転です。

 円高は輸出の場合は不利になるから「現地生産」！

前の項目で説明したように、円高は輸出企業にとっては打撃になります。そこで、「輸出しなくてすむ」——つまり生産拠点を海外に移す企業は増えています。

たとえば中国や東南アジアで作ると、人件費も安くすみますね。これはこれで海外移転の狙いのひとつです。

これで、同じものがより安いコストで生産できるために、価格競争力が落ちることも防げます。それどころか、価格面で優位に立てることもあるのです。

ただしそれ以上に、**為替相場の変動から受けるリスクを軽減するという狙いも大きい**のです。たとえばトヨタ自動車など自動車各社はこぞって米国やカナダなどでも大規模工場を設置、そこで生産した完成車を北米市場で大量に販売しています。

 海外に生産拠点を移すと為替変動リスクがない！

そういうことですね。
いくばくかの部品は日本から輸出するものの、多くの部品は米国

海外に生産拠点を移すと……

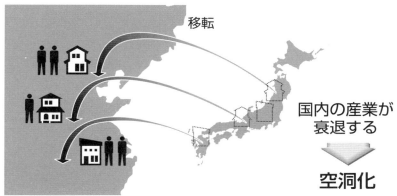

などで調達し、それを現地で組み立て、完成車として現地で販売する。この過程では、ほとんどが米ドルでの取引になるため、為替相場の影響はあまり受けず活動できるのです。

実際、**過去10年程度の間に自動車だけでなく工作機械、エレクトロニクス、半導体といった輸出型企業の多くが現地生産体制を強化**してきています。

以上が、円高に伴う価格競争力の低下を現地生産で克服しようとする場合の基本メカニズムなのです。

 国内の産業の空洞化がモンダイ!?

こうした動きが広がるなかで、わが国の産業の空洞化を懸念する声があちこちから上がり始めています。

「産業の空洞化」とは、とくに製造業企業の拠点が国内から海外へ移転して海外での現地生産シェアが高まることで、国内の産業活動が衰退に向かうことです。

生産拠点が海外へ移転・進出してしまうと、わが国内での雇用が減退する他、国内の生産力が徐々に衰えていきますね。

 生産拠点が海外に行くと国内の産業が衰退するなあ

ただし、一方ではこのような産業の空洞化をマイナスの面からのみ見るのではなく、積極的に評価しようとする考え方もあります。つまり、国際的な視野に立てば、各国ごとの産業活動の分業化を推し進めていくということです。

各国が自分たちの得意分野の産業に重点をおいて発展していけばいい、ということですね。

 生産拠点を海外に移すと、他にはどんな影響が？

ともあれこうした生産拠点の海外移転が急速に進行すると、その他にもいろんな影響が出てきます。

 具体的には、どんな？

まず1つは**海外からの原材料などの輸入が減っていく**ということです。一方では国内生産が減少するため、輸出も減少します。つまり貿易活動が全体に縮小することになるのです。

2つ目には、とくに海外移転の初期の時点で著しいのですが、**円高にブレーキがかかる**ということです。

円高で国産品の競争力が低下する

```
            円高進行
              ↓
    輸出企業の受入円代金減少
  (同じドル建て価格で売っても円の売上げが落ちる)
       ↓              ↓
   売上げ減少    輸出品の輸出価格引き上げ
               (価格を上げれば利益は確保できるが売りにくい)
       ↓              ↓
    輸出減速      輸出先での販売価格上昇
       ↓              ↓
   輸出企業の      海外製品に対し
   業績悪化       価格競争力低下
```

海外で売れないので輸出量が減り、さらに業績は悪化する

　海外へ生産拠点を移しますから、海外の不動産、建物の購入、現地スタッフの採用といった資金が現地通貨で必要になります。
　となると円売り・現地通貨買いという動きになり、円安が進みがちです。ただし適度な円安であればいいのですが、円安が行き過ぎると円安インフレなどで国内消費が萎縮する心配もあります。

PART2 「為替」が動けば何がどうなるのだろうか？　89

5 為替相場が 輸入活動に与える影響

為替変動は「輸入業者の支払い代金」にも影響します。基本は「円高になると輸入が活発化する」。輸入物価が下がると、物価全体も下がります。

「輸入」をドル建てと円建てで比べてみる

すでに述べたように、輸出業者にとって円高は、手取りの円資金が目減りし、輸出先の国での価格面での競争力が低下します。では、米国から輸入することが多い輸入業者はどうでしょうか。

輸入決済がドルの場合（ドル建て）と円の場合（円建て）に分けて、考えてみましょう。

①ドル建て輸入の場合

日本の企業が「1ドル＝200円」の時代に、ドル建てで1億ドルのものを輸入しようとした場合、手持ちの200億円を1億ドルに換えて支払う必要がありました。

しかし「1ドル＝100円」になれば100億円の円資金を用意、これを1億ドルに換えて支払えばよくなります。

②円建て輸入の場合

同じく日本企業が「1ドル＝200円」の時代に円建てで200億円のものを輸入する場合はどうでしょう。ドルではなく、円を基準に輸出入の価格を決めておくということですね。このときには、米国の輸出業者は200億円＝1億ドルを受け取るだけです。

しかし「1ドル＝100円」の時代になって円建てで200億円の円通

90

為替相場が輸入活動に与える影響

円高により国内物価が下がる

```
円高・ドル安進行
    ↓
輸入業者の円支払い代金減少
    ↓ （円の実力が上がると少しの円の支払いでOK！）
円ベースでの輸入価格低下
    ↓                    ↘
                    国産品との価格競合
                          ↓
                    国産品の価格低下
    ↓                    ↙
物価全体の低下
    ↓
輸入活動の活発化
```

デフレの原因のひとつが、これ（円高デフレ）。
消費者にとってはありがたいのだが……

貨を受け取った場合には、ドルに換えれば２億ドルになります。

 円建てとドル建てで違うのかな？

したがって米国の輸出業者は、多少円建て価格が安くても輸出し

ようとします。たとえば同じ量でも、200億円ではなく150億円でもいいという取引になることが多いのです。

150億円に値段を下げても、1ドル＝100円になっていますから、米国の輸出業者は1.5億ドルの売上げを計上できますね。

つまり、円高の場合、ドル建て輸入では日本の輸入業者は、より少額の資金で同じだけのものを購入することができるのです。
また円建て輸入の場合では、輸入価格引き下げの交渉が容易になり、実際に輸入価格が下がることが多くなります。

こうして実質的な輸入価格が下がれば、日本国内では輸入業者から卸売業者へ、さらには小売業者へとわたっていく過程でも、価格が下がります。となると、国内での最終的な消費者への販売価格も下がり、全体としては物価の値下がりにつながるわけです。

これが円高デフレです。

むろんこうした状態のもとでは「安くなったんだから、少し多めに買っておこう」と考えますね。つまり輸入活動は活発になります。

「ある一国の通貨価値が上がれば、その国の輸入が伸びる一方で輸出が減退し、通貨価値が下がれば輸入が減少、輸出が伸びる」
となるわけです。

「プラザ合意」って、どんな意味があったんだろうか？

少し理屈っぽくなりましたので、歴史を振り返っておきます。

第二次安倍政権が始まる少し前の2012年までの四半世紀（25年）以上は、大きな流れとしては円高が進んだ時期に当たります。この円高で、多くの輸入製品や、原材料に占める輸入品の比率が高い製品の価格がかなり下落しましたね。

 日本の長期デフレの原因のひとつは、これだね！

　そうです。
　これが、わが国の長期にわたるデフレ経済の原因のひとつとなったことはよく知られていることです。

　つまり、**物価が下がるなら今、急いで買うことはない、後になって買ったほうが安く買える、ということで消費を先延ばしにしてきた**のです。消費を控えれば物が売れませんから景気は上向きません。

　これがデフレ経済と呼ばれるものです。
　その原因のひとつが、為替相場にあったというわけです。

　1985年以降の急激な円高（ドル安）は、米国が主導権を取り、米国の貿易赤字を解消しようというものでした。
　つまり**米国にとってはドル安・円高は輸出を促進するファクターとして働くとともに、日本には貿易黒字の縮小を促進することが期待されたわけです。**

 **なるほど、これが「プラザ合意」か！**

　つまりプラザ合意とは、為替相場を政策的に動かすことで、主に日米の貿易不均衡を解消しようというものでもあったのです。

6 為替相場が株価に与える影響

輸出企業は円安を歓迎し、輸入企業は円高を歓迎します。ですから、為替の動きにより、上がる株と下がる株があるのです。

為替のニュースは貿易関係者だけのものではない?

　昨今ではどのチャンネルのテレビ、ラジオでも午前の早い時間帯のニュースで「NY（ニューヨーク）市場でのドル円相場、ユーロ円相場」について報じます。

 うん、見る見る！

　これは何も、貿易に関わる輸出入企業のためだけに提供されているものではありません。**株式投資をしている方にとってもきわめて重要なマーケット情報**なのです。

　その場合、
「NY市場では相当円が売られて大幅な円安になったと言うが、これは私が持っている銘柄の今日の値動きにどのような影響を与えるだろうか」
といったふうに為替情報が受け取られることが多いと思います。

　つまり、その日朝一番で開く東京株式市場のスタート時点の株価に対して、前日のNY市場での為替相場の動きがとても大きな意味を持つのです。

円高・円安は企業の業績（株価）につながる

円安 ➡ 輸出代金の受取額が多くなる

| １ドル＝１００円のときの１億ドル（１００億円） |

| １ドル＝１２０円なら１２０億円 |

| 業績アップし、株価も上がる |

為替が動くと株価も動く……

　たとえば円安になれば、輸出比率が高い企業の輸出代金の受取り額が多くなりますね。何しろ同じ１億ドルの輸出代金を受け取る場合でも、「１ドル＝100円」のときには100億円を受け入れるにとどまりますが、「１ドル＝120円」の円安になれば120億円の売上げになるのですから。

　この場合には、**その企業の業績上昇につながるという推測を生んでその株式が買われがち**です。

PART2　「為替」が動けば何がどうなるのだろうか？　95

それぞれの企業によって、為替相場から受ける影響には差があります。まず電力、ガス、小売り、建設、不動産などの「内需関連株」と呼ばれる企業は、売上げのほとんどを国内需要に依存しています。
　これらの企業は、輸出はほとんど行ないません。
　むしろ原油、建設資材、鉱物資源等の輸入が多いですね。

　この種の企業にとっては、**円高で輸入材の価格が下がります。したがって、円高による企業業績の向上が期待されます。**

　つまり、円高⇒株価上昇となる傾向があるのです。

　これとは逆に、輸出に依存するタイプの企業には自動車、半導体、機械、電機などがあります。これらの企業は、一般に海外への輸出比率が高いため、円高になると国際的な価格競争力が落ちます。このため輸出が伸び悩み、業績は低迷しがちです。

つまり円高→株価下落圧力がかかることが多い！

昔より、為替の動きが株価に大きく影響しなくなった？

　ただし、ひと昔前に比べて円高・円安により業種別の株価の動向が極端に振れることはあまりなくなってきました。これにはいくつかの原因があります。

　1つは円高に弱い企業は長年の円高で、生産拠点等を海外に移転させる動きが強くなったことです。このため、円高になってもそんなに損失を被らない企業体質を育て上げてきました。

為替相場が株価に与える影響は？

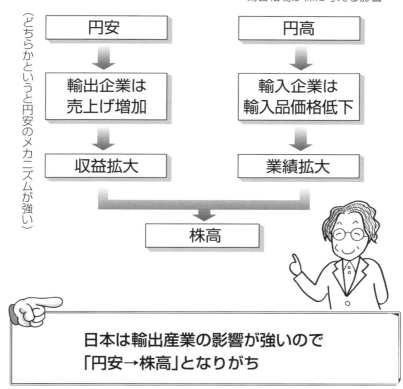

このことは87ページでも述べましたね。

2つ目には、為替先物やオプション等の様々な金融技術を駆使することで、為替相場の変動リスクを回避できるようになったからです。

先物取引の仕組みについてはPART3でお話しします。

7 為替相場と株価の動きはワンパターンではない

為替の動きと株は、単純ではありません。米国ではむしろ「ドル高」時には「株高」が進行している時期のほうが多いのです。

どこの国でも「通貨高⇒株安」なのか？

日本では「円高⇒株安」という常識がありますが、どこの国でも「自国通貨高⇒株安」になるわけではありません。

トランプ大統領は、ことあるたびに「ドル高・円安で対日赤字が拡大」と円安を牽制する発言を繰り返します。「もうこれ以上の円安は許さないぞ」というわけです。その裏には——、

「ドル高は米国の製造業の輸出競争力を落とす。株価にも悪影響がある。それを懸念しているのだろう」

と思われていることがあります。

それは「日本では円＝自国の通貨が安いほうが輸出が伸びるため、日本全体の景気にとってはプラス」が常識だからアメリカも同じだろうと考えられているからです。しかし近年の米国ではむしろ、「ドル高」のときに「株高」が進行している時期のほうが多いのです。

つまり**ドル＝自国の通貨が高くなっている時期のほうが株高になり、景気が良いことのほうが多いのです。**

円安は米国にとって必ずしも不利とは言えない!?

　一体これはどういうことなのでしょう？
　実は、**自国の通貨が安くなれば株高になり、景気も良くなる**という日本のような国だけではないのです。国によっては全く逆であるケースも少なくありません。

 貿易黒字か赤字かで、株価に与える影響も変わる？

　すでに述べたように米国では逆なのです。どこか事情が違うのでしょうか？
　それを解く最大のキーが、「米国は経常赤字国」ということです。米国は毎年、巨額の貿易赤字並びに経常赤字を重ねています。

 アメリカは輸出より輸入が多い国だ！

　貿易赤字ということは、簡単に言えば、輸出よりも輸入が多いということ。この背景にあるのが、米国の経済は個人消費で支えられているという事情があります。

　米国のGDPの7割は、個人消費で支えられているのです。その消費を賄うだけの生産量が国内にはないのですから、その分は海外からの輸入に頼らざるを得ないというわけです。

 米国は大国だから個人消費も大きい

　大量の輸入品を消費するという体質を持つ米国経済では、ドル高の時期には海外からモノを安く買えるから経済にはプラス、という

面があるのです。

 ## 米国にとって「ドル高」は絶対に有利！

　輸入品が安く買えるということはそれだけ家計の消費余力、つまり"ゆとり"ができるわけですから、国内のサービス、商品への消費も積極的に行ないます。
　つまり米国内で生産された国産品あるいは各種サービスへの消費が増え、米国企業も潤うのです。

　その点、わが国では円高と言えば「株安」「景気悪化」と反応される方がほとんどです。日本の常識は、必ずしも世界の常識ではないということですね。

 ## 日本の常識は世界の常識ではないんだね！

　ではなぜトランプ氏は執拗に「これ以上の円安・ドル高は避けたい」と言うのでしょう？
　それはトランプ氏が大統領に選出されたときにどんな人々の支援があったか、と考えればわかります。

　支持者は、ラストベルト（錆びた工業地帯）と呼ばれる地域にある自動車メーカーなどの比較的賃金が安い労働者階級に属する人たちだったのです。彼らにとってはドル安のほうが輸出が伸び、働いている企業の業績も上がります。

　つまりトランプ氏の発言は、彼らに向けた一種のリップサービスという面があるのです。

為替の動きと株価は各国同じではない

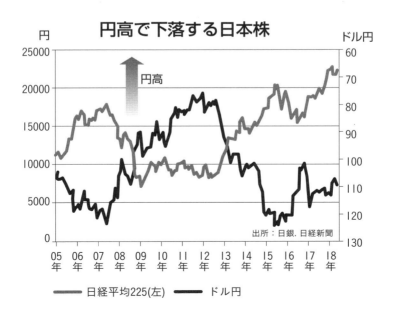

PART2 「為替」が動けば何がどうなるのだろうか？

8 機関投資家は為替相場を大きく動かす

銀行、投資信託、年金基金、生保……こういった「機関投資家」が為替相場で動かすカネは大きい。だから影響も大きい。

そもそも「機関投資家」って何だろうか？

外国為替市場では、いろいろな人や会社、機関が、それぞれの思惑と目的で通貨を売買しています。そのなかでも最も影響力が大きいのが「機関投資家」と言われる人たちです。

機関投資家は、銀行、証券会社、投資信託会社、年金基金、保険会社など、顧客から預かった保険料や掛け金を運用します。

個人と違って金額も大きいので、外国為替市場に与える影響も大きくなります。銀行は企業や個人のお金を預かったり貸したりしていますが、このお金を、その銀行の為替ディーラーが運用し、為替差益を狙います。

また、顧客とのいろいろな外貨の売り買いに応じるために、各種の外貨の保有比率を常に調整しています。

巨額のお金を動かしているんですね！

保険会社も、もちろん保険の掛け金を金庫にしまっているのではなく、その一部は外国為替市場で運用します。**保険や年金は、満期までの期間が長いので、機関投資家もじっくりと長期にわたって、通貨だけでなく株や債券にも幅広く投資していきます。**

「機関投資家」って何だろう

機関投資家

銀行、証券会社、投資信託会社、
年金基金、保険会社……

顧客から預かった資金、保険料などを運用。
金額も大きいので外為相場に与える影響が大きい

 機関投資家は、いろいろなものに投資する

　機関投資家の投資先は多岐にわたります。
　いわゆる「国際分散投資」とも言われ、各国の債券や株式にバランスよく投資します。運用益が出ない国があっても、運用益が出る国があれば、全体としてリスクは最小限に抑えられます。

　いずれにせよ扱うお金の額が大きいだけに、一時的に為替相場を大きく動かすきっかけになることもあります。

9 ヘッジファンドは為替相場を、どう動かすか？

ヘッジファンドとは、金融商品などに投資し、高い運用収益を追求する投資信託の一種。短期的な為替変動に影響を与えます。

要するに「ヘッジファンド」とは？

ヘッジファンドとは、様々な取引手法を駆使することで、相場が変動しても利益を出すことを目的としたファンドです。

ヘッジ（hedge）は「避ける」という意味で、相場が変動したときの資産の目減りを避けるという意味です。

投資信託の多くは、相場が一方向に動いたときだけ利益が出る仕組みのものです。**一方ヘッジファンドは、比較的自由に運用でき、先物取引や信用取引などを積極的に活用して為替相場の変動にあまり影響されず、利益を得ることを目指します。**

では、このヘッジファンドは外国為替相場に、どんな影響を与えるのでしょうか。

外国為替取引の大半はヘッジファンドとFXらしい……

外国為替取引市場における大半の為替取引は、ヘッジファンドのほか、FX（外国為替証拠金取引⇒P56参照）など、投資あるいは投機によるものです。それらは5銭、10銭といった小刻みな取引を繰り返しながら収益を稼いでいます。

つまり、売ったり買ったりしている状態のまま（売り持ち、買い持ちのまま＝リスクを抱えたまま）、ずっと長期で持ち続けることは基本的にはありません。このため、FXやヘッジファンドの取引は中長期的には為替市場での需給には影響を及ぼしません。

　中長期的な為替の動きに大きな影響を及ぼすのは、**「貿易取引に伴う実需のドルの売り買い」**です。

　あるいは年金ファンドなども安定的な売り、買いを行なうために中長期的な為替相場を左右します。

ヘッジファンドは中長期の為替レートには あまり影響しない？

　つまり、ヘッジファンドは１年以上の長期の為替の動きに対してはあまり影響力を持たないのです。

外国為替市場は、イメージと少し違うんだね！

　ヘッジファンドは売ればその後に必ず買うし、買えばその後必ず売るというスタイルです。

　おおむね３カ月以内には反対売買で収益（あるいは損失）を確定させる（＝清算する）ことが多いのです。このため**３カ月以内という短期の相場に対しては大きな影響力を持っています。**

　為替相場では、短期的に急激な動きがあることが少なくありませんが、こうした投機筋の売買によることが多いのです。

なるほど、相場を急に動かしたりするんですね！

PART2　「為替」が動けば何がどうなるのだろうか？　　105

10 政府の市場介入と為替相場の関係は？

中央銀行（日本では「日本銀行」）は、自国通貨を安定させるため、為替市場へ介入することがあります。

 ### 「中央銀行」（日本なら日銀）が為替に介入するときの仕組み

本来、為替レートは貿易などの自由な取引の結果、決まり、動くものです。しかし、何らかの原因で自国の通貨が急激に変動することもあります。**日本だと、急な円高や円安ですね。**

こういうときは中央銀行が「市場介入」することがあります。

むずかしい言葉ですと「外国為替平衡操作（へいこうそうさ）」と言います。米国は「連邦準備制度理事会（FRB）」、イギリスでは「イングランド銀行（BOE）」、ユーロ圏は「欧州中央銀行（ECB）」が中央銀行にあたります。

日本が円高・円安で被る影響については、すでに説明してきましたが、ここでもう一度、押さえておきます。

 ### もう一度、円高・円安の影響を見ればわかるかな？

まず、円高は輸出産業にとって不利になり、日本の景気にも悪影響を及ぼすことがあります。一方、円安は輸入品の価格が上がるわけですから、これも消費者にとってはマイナスですね。

円高・円安とも、**ゆるやかな変動なら対応できますが、一気に何**

ゆるやかな為替変動なら大丈夫だが……

円高 ▶ 輸出産業には不利

円安 ▶ 輸入産業には不利

どの企業もある程度の為替変動を
念頭に置いてビジネスをしているので、
多少の円高・円安なら対応できる

しかし一気に何円も上下するとダメージが大きく、
業績も悪化し、景気の悪化につながることもある

円も上下すると、産業活動や個人消費などに想定以上のダメージを与える可能性があります。
　これが、景気の悪化などにもつながります。

　政府が、「このまま円高（あるいは円安）が進むと、経済に悪影響を及ぼす」と判断したときは、外国為替市場へ介入するように、日本銀行に指示します。
　それを受け日銀が為替市場に参加し、大量の通貨を売り買いすることで、円高（あるいは円安）が急激に進むことを阻止するのです。

　2002〜2004年、並びに2010〜2011年には相当程度のドル買い・円売り介入がありました。いずれも急速に進んだ円高を阻止することが狙いでしたが、その後はほとんど介入はありません。

PART2　「為替」が動けば何がどうなるのだろうか？　107

介入するときに、資金はどこから出すのか？

　日銀が市場介入して大量の円やドルを買うときの資金は、どこから出るのでしょう。

　これはすべて国（財務省）が設置する「外国為替資金特別会計」というところが管轄しています。
　まず外貨売り・円買いの場合は、この特別会計のなかにある「外貨準備高」が保有する外貨建て債券が売却されて、外貨資金を調達、これを使うことになります。

 「外国為替資金特別会計」というところが管轄している

　一方、円売り・外貨買いの場合は、財務省が管轄している「外国為替資金特別会計」がごく短期の特殊な国債を発行し、そこで得た円の資金を用いて、市場で売却します。
　この場合、円を売ってドルなどの外貨を買うわけですから手元には外貨が残ります。これが外貨準備に組み込まれるのです。

　現在この外貨準備の過半は、ドル建てでの米国国債を保有していると見られています。

介入の指示は「政府」が出す

　為替市場への介入は「政府・日銀が介入」と呼ばれることが多いのですが、指示を出すのは政府であり、日銀はその意を受けて市場で通貨の売買（介入）をするにすぎません。
　つまり日銀の意思で行なわれる金融政策ではないのです。

日銀の「為替相場」への介入の流れ

◈ 円安が一気に進んだ場合は？

◈ 円高が一気に進んだ場合は？

これまでの介入は大半が行き過ぎた円高を抑えるための、「円売り・ドル買い」だった

 日銀は政府の意を受けて介入するわけね！

　なお、過去におけるわが国の市場介入は、実に9割以上は「円売り・ドル買い」の介入でした。
　つまり、行き過ぎた円高を阻止するための介入がほとんどだったということです。

11 「円キャリー取引」がキーワード！

低金利の円で資金を借り、豪ドル、英ポンドなどの高金利通貨で運用して利益を上げようというものです。

世界のマネーフローを読む最大のキーワード

外国為替相場を巡る様々な因果関係を見てきましたが、今、現実の為替相場を読む上で避けて通れないのが、ここで説明しようとする「円キャリー取引」です。

「円キャリー取引」って？

これはひと言で言うと、低金利の通貨で資金を借り、米ドルや新興国などの高金利通貨で運用してより高い収益を上げようする一連のお金の流れを指します。ここでまず結論から言うと——、

世界情勢が不安定になると円が買われて円高になる。これが、今の為替相場を読む上での大前提です。
「円」を中心に、世界全体の為替相場の原理を読めるのです。
その最大の理由が「円キャリー取引」と「その巻き戻し」という為替市場を通じた独特の資金の流れなのです。

これって一体何？

「円」を「キャリー」する「取引」という意味です。ベタですね。

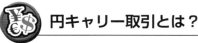
円キャリー取引とは？

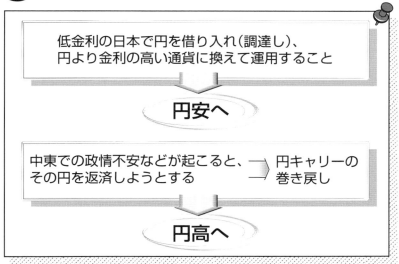

円キャリー取引は、なぜ生まれたの？

　円キャリー取引では、**世界で最も低い金利の円を調達し、それを日本国外に持ち出して米ドルなど外貨に転換します**。

　その上で、米国の株式、豪ドル、カナダドルなどの高金利通貨の債券、さらにはBRICs（ブラジル、ロシア、インド、中国）と称される新興国の株式や金、原油などの商品先物に投資するという一連のお金の動きを示すものです。

　「円」を調達するには、金融機関から「借りる」、「金融市場などの市場から調達する」、円以外の通貨を売って「円」を買うなど様々です。長年にわたりわが国の金利が、世界でダントツに低い水準を続けてきたことが背景にあります。

右のグラフで見る通り、**わが国の金利水準は1990年代後半から、飛び抜けて低い水準を続けてきました**。1980年代後半の不動産・株式バブルの崩壊で、大手銀行が巨額の不良債権を抱えたまま相次いで破綻、それが日本経済を叩きのめしたのです。
　これに対処するために、極端な低金利政策がとられました。それが1999年に始まったゼロ金利政策です。

 金利をゼロにして経済を立て直そうと……？

　そうです。
　さてここで予想しないマネーの動きが出てきました。それが「円キャリー取引」です。
　米国などの巨大年金ファンド、ヘッジファンド、投資銀行などは、世界経済が順調に拡大してリスクも低いときには「円資金の調達」⇒「日本からの持ち出し」⇒「米国や新興国の高金利債券、株で投資」——という「円キャリー取引」を行なってきたのです。
　ところがこのマネーは、とてもリスクに敏感なのです。

　そこで、**いったん世界景気に黄信号がついたり、中東での政情不安などが高まると、逆にその円を返済しようとする「円キャリーの巻き戻し」が起こったのです**。
　これらの資金は、純粋に利益を上げることだけが目的です。
　世界経済が不安定になって、投資先の株価や投機的な商品価格が下がったり、債券価格が下がれば、大きな損失を被ります。
　これを避けるために、これらの投資先から資金を回収して、円に戻し、その円を返済しようとするわけです。

 う〜む、ちょっとややこしいけど何となくわかる！

世界に先駆けて超低金利時代に突入した日本

― 米国10年債　・・・・・ ドイツ国債10年　━━ 日本10年国債

いち早く
超低金利時代に
突入した日本

　こうした「円キャリー取引」と「円キャリーの巻き戻し」というマネーの動きが、その後の世界中のマネーの動きの主流をなすに至ったというわけです。

　以上を整理すると、**世界景気が良く、政治的な不安がない時期には円が売られて安くなる、不安が高まると円が買われて円高になる、**というわけです。

さらにこれは日本株の動きにも影響してきます。つまり、不安なし⇒円安⇒日本株上昇、世界不安の高まり⇒円高⇒日本株下落、というわけですね。

これから円相場はどうなる？　と考えるときにはまずこの大原則を思い出してください。

機関投資家などだけが円キャリー取引をやったのではない

ここまでは、円キャリー取引をヘッジファンドなどの大手の機関投資家の動きとして説明しました。
しかし、私たち個人も似たような行動をとっていたことに気づきませんか。

円キャリー取引は、私たち個人もやっていた？

つまり、**日本の低金利を嫌って海外の高金利債券や上昇著しい海外株式に投資信託を通じて投資するという行動**です。

その後、世界的に景気が後退したり、中東、アジアで政情不安が高まるにつれ、米国や新興国の株価などが下がると、これらのファンドを売ってしまう。
こうしたプロセスも、円キャリー取引、並びにその巻き戻しの一種です。

「円キャリー取引」が頻繁に行なわれる条件はあるの？

「円キャリー取引」は一般に、為替相場が安定している時期によく利用されます。

円高・円安の大原則とは？

　もともと、**低い金利の円を調達してより高金利の、あるいは高い収益性が期待される海外の株式や商品市況で運用して、その差益を稼ごうとするのが主な狙い**です。
　ということは、その間に為替相場が大きく変動すれば、株式や商品先物などで儲けた分が為替差損の変動で帳消し、あるいは逆に損失になってしまう可能性が高くなるからです。

PART2　「為替」が動けば何がどうなるのだろうか？　　115

12 世界経済が不安定になると円が買われる理由

対外的に多くの資産を持っている日本は、世界でも信頼されている。世界経済が不安になると円が買われます。

「日本」は本当に「大借金国」なのか？

「世界が不安定になると円が買われる」のは「円キャリー取引とその巻き戻し」という仕組みによることを前項で説明しました。

実際、「米経済成長率が鈍ってきたことで円が買われる」とか「クリミア情勢の緊迫化で円が買われる」といったニュースを目にした方も多いことでしょう。

しかし、マダ釈然としないなあ

でもこういう人も多い。

「だって、日本は世界一財政赤字が多い国なんでしょ。借金が大きい、と言う人もいる。ギリシャよりはるかに悪いって言うわよね。それなのに、世界で不安心理が広がれば日本の円が安全な通貨として買われるっていうのはどうも腑に落ちない」

そこでここでは、**世界が不安になればなぜ「安全資産として円が買われるのか」**ということをわかりやすく説明します。

実は、以上でお話しした「円キャリー取引」と「円キャリーの巻き戻し」以外にも、世界全体で不安心理が高まれば、円が買われ、

116

「日本」のマネーをトータルで見ると……

> 政府＝巨額の財政赤字
> 家計＝多くの貯蓄がある
> 企業＝全体で見れば黒字

政府の赤字は、ほとんど家計から借りたものだから、国全体で見ると「借金が多い」とは言えない

不安が鎮まれば円が売られる理由があるのです。

　世界で最も財政赤字を多く抱えている国はどこでしょう？
　多くの方がご存じの通り、日本政府ですね。
　でもちょっと考えてみてください。

　日本経済は、政府だけで成り立っているのではありませんよね。政府の他に、企業と家計というものがあります。むしろ、経済活動の主体は民間部門です。
　これらを全部ひっくるめて「日本」なのです。

 民間部門（企業と家計）も、日本経済の一部です！

　では民間部門と政府部門を合わせた日本全体としてみれば、いま赤字なのでしょうか？　赤字とか黒字とは、借金が多いのか、それとも資産のほうが多いのかということです。

日本国が1つの家族だとして、政府＝お父さん、家計＝お母さん、企業＝子どもとしましょう。

「政府」（お父さん）が貧乏で300万円の赤字でも、「家計」（お母さん）は500万円の貯蓄を持っているし、「企業」（子ども）も節約して100万円貯金をしている。そして、お父さんの赤字は、ほとんどお母さんと子どもから借り入れたもの。

　つまり、家族全体で見ると300万円の黒字。

　——単純に言えば、これが日本経済です。

 なるほど、そう考えるとわかりやすい！

　国全体として借金が多いか、資産のほうが多いのかを示すのが実は「対外純資産」なのです。つまり「政府＋民間全体」として海外に持っている資産から負債を引いたら、正味どれだけの資産を持っているか、を示すのがこの数字です。

　実は日本の「対外純資産」は世界でダントツのトップなのです。

 各国の対外純資産を見てみよう

　2010年から、ギリシャの財政危機をきっかけに欧州の財政不安が高まりました。このときも円高。2016年には新興国の経済への不安が高まっているところへ、6月には英国がEUから離脱することを国民投票で決めてしまった。

　このときも円高が進みました。

　逆に、主に米国経済が世界景気を牽引していた2007年までの数年間と、2014年〜15年には円が売られて円安になっています。

　円相場は「世界全体の不安心理を忠実に映し出す鏡のようなもの」なのです。

主要国の対外純資産（平成28年末）

日本	349兆1,120億円
中国	210兆3,027億円
ドイツ	209兆9,234億円
香港	137兆9,031億円
スイス	98兆318億円
⋮	⋮
英国	67兆2,470億円
ロシア	26兆5,082億円
カナダ	16兆3,802億円
イタリア	▲27兆6,613億円
フランス	▲43兆2,235億円
アメリカ合衆国	▲947兆2,074億円

（出所：財務省）

日本の対外純資産はダントツ！

　東日本大震災のときも、円は上がりました。
　一般的には「日本で大災害」となると、円が売られると考える人が多いと思います。

　しかし実際にはそうなりませんでした。いざ国難となったときにでも、日本は海外に豊富に持っている資産を国内に戻せばいいと世界は見たのです。
　そして実際にそうするだろう、そうなれば円高だな、と世界中の

世界の不安心理を端的に映し出す円相場

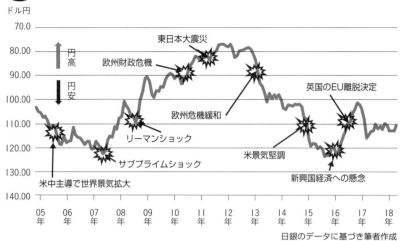

為替市場の参加者は読んだのです。

　大災害により経済が一時的に停滞することのデメリットより、以上のような資金の流れにより円が買われるというエネルギーのほうが大きかったのです。

　グラフを見てみましょう。

　米国の銀行がほとんど担保らしい担保を取らないで、積極的に住宅ローンを貸し出したのが2000年代前半。しかし、2008年にかけ不動産価格が急落した結果起きたのがリーマンショックです。米国の超大手銀行が倒産したのです。

このときも円が買われて一気に円高になっていますね。

あるいは先ほども書いたように2010年から、ギリシャの財政危機をきっかけに欧州の財政不安が一気に高まり、円高になりました。

さらには2016年には新興国の経済への不安が高まっているところへ、6月には英国がEUからの離脱を決めてしまった。このときも一気に円高が進んでいます。

震災後に円高が進んだ理由は？

間違いなく返済してくれるだけの財産的な余力を持っている人になら安心してお金を貸せます。

国＝通貨レベルでも同じことです。

対外的に巨額の資産を持っている日本経済で使われている**円で持っていれば、ある意味では一番安心**なのです。いざというときには日本は海外に持っている資産を売って、それを国内に引き戻せばいいのですから。

そのときには円高になりますね。円を持っていて円高になるということは平たく言えば「儲かる」ということなのです。

なるほどねえ〜　そういうことか！

1995年の阪神・淡路大震災や2011年の東日本大震災で日本が甚大な被害を受けた直後に、一時的に円高が進んだ理由は、これです。

災害に伴う損害補償のために、損害保険会社が海外に保有する外貨建て資産を処分して、円に引き戻したのも理由のひとつです。

さらには多くの企業が、様々な生産設備の修復のために海外に保有している債券や株式を売却し、それを円に換えて国内に持ち込んだのです。

 震災後なのに円高になったワケがわかった！

　日本は、いざというときに手元に引き戻して使える資金・資産を、海外に大量に保有しています。逆に対外資産はゼロ、むしろ負債ばかりの国だったら、大地震とともに通貨は売られて大幅に下落したはずです。

　要するに**日本は、国全体として見ればとてもお金持ち**だということなのです。だから世界経済のコンディションが悪化したり、中東で政治的、地政学的なリスクが高まって不安心理が広がると、「安全通貨である円」が買われるというわけなのです。

　つまり「世界が不安定になると円が買われる」。これが世界のマネーの底流になっていることはぜひ覚えておいてください。

　　　　　　　　　　　　　　　　　　　　　　（⇒Ｐ188参照）

PART 3

為替データの
"種類" と "読み方" を見てみよう

そもそも、外国為替の取引には、
どんなものがあるのだろう。いくつかの
データやグラフを元に探ってみよう。

1 為替はグローバルに動く

為替が動くと、いろいろな経済現象も変わります。経済が国際的になり、それは各国に影響を及ぼします。

 要するに「経済のグローバル化」って、どういうことか？

すでに説明してきた通り、外国為替相場は貿易、株式などの、「国内外のお金の動き」に影響を与えます。

ということは、景気、物価などにも影響を与えます。

私たちがスーパーで買い物をするのも、大企業がクルマなどを輸出入するのも、同じ「経済活動」です。為替が動くと、この経済活動も変化していくわけです。

1980年前後に英国ではサッチャー政権、ついで米国のレーガン政権、そして日本の中曽根政権が誕生しました。これらの政権はみな「経済のグローバル化」を推し進めました。

経済のグローバル化とは、貿易並びに為替市場をめぐる様々な規制を緩和、自由化すること。要は、「国境を超えて国際的に積極的なやり取りをしよう。そのとき障害になることはできるだけ取り除きましょう」ということです。

 外国為替相場が、グローバル化で活発になったのか！

それまでは海外に持ち出せるお金に限度額が設けられていたり、投資、投機のために通貨を売り買いするにもいろいろ制限がありま

した。それがこの頃から徐々に自由化されていったのです。

世界がこのように動いたのには、理由があります。

先進国が「規制緩和」したのは、第二次オイルショックが原因？

先進国が揃って規制緩和政策をとった背景にあったのは、1973年の第一次オイルショック、79年のイラン革命をきっかけにした第二次オイルショックによる原油価格の高騰でした。

その影響をモロに受け、世界的に景気は後退しました。先進国も、揃って成長率が急激に鈍ったのです。

「何とかしなければならない」

そう考えて打ち出された政策のひとつが、外国為替の規制緩和だったわけです。さらに、2000年前後にかけて東南アジア諸国、中国などが、グローバル化した経済社会に参加してきました。

経済がグローバル化すると、国境を超えた経済活動が盛んになりますね。

「何とかしなければ……」が規制緩和だったワケね

たとえば新しく海外に工場（生産拠点）をつくり、どれだけ安い賃金で人を雇えるか、いかに安く原材料、中間部品を現地で購入するかを考えるようになりました。電力などエネルギーコストが安い地域、国はどこかと検討する余地も生まれました。

それまでは海外企業の進出は認めないとか、持ち込める金額に制限などの障害がありました。それが急速に緩和されたのです。

今や仕入れ部門では、通貨別の為替相場の動きをにらみながら戦略的に原材料の輸入先を変えることができます。開発担当の技術者

グループの部屋にも「主要国通貨の為替レートを示す電子掲示板」が設定されている企業もあると聞きます。

さらに生命保険会社の多くは、ひと昔前なら韓国や台湾、その後はバンガロール（インド）あるいはマニラ（フィリピン）などにデータ処理センターをつくり、顧客情報の作成・管理・運営を現地企業に委嘱しているところが少なくありません。

企業だけでなく個人も、**海外旅行のために現地の通貨に換えておきたい。できれば円が高いときのほうが有利だ**。為替レートを注視してタイミングを見計らわなければ——と考えます。あるいは海外投資に目を向け、米ドル建てMMFを少し買っておこうか……と考える人が増えてきました。

 そもそも、データはどこから入手するんだろうか？

さてこのような時代背景のもとで、必要になる各種データはどこでチェックできるのでしょうか？

日常的にはテレビ、ラジオ等の定時ニュースの最後で「円ドル相場は……、円ユーロ相場は……」と報じられます。

 日経新聞が大きな情報源です！

しかしひと口に円相場と言ってもその種類は、実に様々です。「米ドル円相場」もあれば「ユーロ円相場」もあり、「英ポンド円相場」もある。翌日に受け渡しをする取引に適用される相場から、2、3カ月先の受け渡しをいま約束しておく「先物相場」もあります。

個別データについて具体的な説明をする前に、いくつかの為替相場につき、ざっと整理しておきましょう。

為替取引を大きく分けると…

	直物	先物
銀行間	銀行間直物相場（リアルタイムで変動）	銀行間先物相場（リアルタイムで変動）
対顧客	対顧客直物相場（原則1日1回値決め）	対顧客先物相場（原則1日1回値決め）

　為替相場はまず、**直物**（じきもの。契約してから翌々日までに受け渡しされるもの）と**先物**（さきもの。それ以降に受け渡しを行なうもの）があります。
　さらに、銀行などの金融機関の間で行なわれた取引の相場（銀行間相場）と、金融機関が企業や個人との間で行なうときに適用される相場（対顧客相場）があります。
　これを整理すると上の図の通りです。
　日経新聞紙上ではこのうち「銀行間直物」、「対顧客直物」、「対顧客先物」相場について報じています。

2 外国為替市場は 24時間休まない

世界中の外国為替市場が、時差の順番に次々と開いていきます。東京市場だけでなく、世界の動きを押さえよう。

外国為替市場は24時間世界のどこかで開かれている

　外国為替取引の種類について説明する前に、まず基本的なところをお話ししておきます。

　外国為替市場は、東京だけでなくニューヨーク、ロンドンなど、世界中にあります。**これらの外国為替市場が時差によって順番に開きます。**結局、24時間、世界のどこかで外国為替取引が行なわれているわけです。

　たとえば香港やシンガポール市場が開くのは、日本時間で午前10時です。午後3時には中東のバーレーン市場が開きます。香港やシンガポール市場が終わると、ロンドン市場が開き、パリやアムステルダムの市場も開く……。そしてロンドン市場が真っ最中の頃、ニューヨーク市場が開きます。

世界の外国為替市場の動きも押さえておかなくては……ね

　ニュースなどでは、「東京市場は前日の終値から1円10銭の円高、1ドル＝110円で取引が開始されました」といったように報じられます。しかし**外国為替市場は24時間休みなし**です。東京市場の前日終値と今日の開始のレートを比較するだけでは、24時間の"流れ"が

日本時間から見た世界の為替市場の営業時間

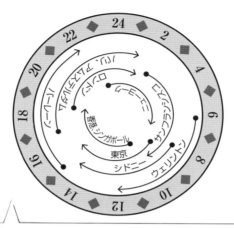

しかし今やネットの時代。ネットでは
「どの市場」という概念はない！

読めないこともあります。

しかし、今や「世界のどの市場……」という考えはない

　ネット情報では、とくに「どの市場で」という前提なしに、24時間に刻々と、主要相場のレート推移がチャートや数値で示されます。

　ネットでは「どの市場」なんて表記はもはやありません。24時間あらゆる市場が渾然一体なので、「どこの市場が開いているときに、どの市場ではどの程度のレート」なんてことはあまり意味がなくなってきているのです。

 世界中が渾然一体、というわけだね

3 銀行間取引の 為替レートとは？

銀行間の為替レートを「インターバンク・レート」と言う。「東京外国為替市場」の数字を見てみよう。

「外国為替市場」という施設があるわけではない

さて、まず為替相場の基本でもある「銀行間直物取引」について説明します。

外国為替市場（しじょう）、と何気なく言いますが、別にそういう「いちば」の建物はありません。株取引なら東京証券取引所というビルがありますが、これとて、魚市場や野菜市場とは全く異なり、ネットや電話回線を通じた取引がメインです。

なるほど！　ネットや電話回線でのやり取りか！

円をドルやユーロに換えるなどの取引が「外国為替取引」ですね。外国為替市場とは、こういう取引が行なわれている"場"だと言えるでしょう。しかもその取引は、ネットが中心です。
いわばバーチャルな市場なのです。

外国為替について、まず取り上げなければならないのが、東京外国為替市場（しじょう）です。そのなかでも、主に**金融機関同士による通貨売買によって生まれた「ドル円相場」が、中心的なもの**です。銀行などの金融機関の取引によって成立したものなので「イ

インターバンク市場とは？

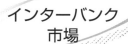

インターバンク市場 → 金融機関同士のやりとり

「外国為替市場」という建物はない。
バーチャルな市場！

ネットや電話回線で
リアルタイムの取引が行なわれている

ンターバンク市場」と言われています。

「東京外国為替市場」と言っても物理的に東京で取引されているわけではありません。むしろ「日本外国為替市場」と読み変えたほうがいいでしょう。海外でも「ロンドン市場」と言えば「英国市場」のことですし、「NY市場」とは「米国市場」を示します。

日本国内での多くの外国為替取引は、この東京市場での相場が基準になります。

「東京外国為替市場」の直物円相場を読む

ニュースなどに出てくる「今日の為替相場は……」という数字は、外国為替市場で銀行同士が取引する、この「インターバンク・レー

ト」なのです。普通は、

　　　1 ドル＝110円10銭－12銭

というふうに表現されます。

　これは、「円をドルに換えたい」つまり「ドルを買いたい」銀行が希望しているレート（相場）が「1 ドル＝110円10銭」、逆にドルを円に換えたい銀行が希望している平均レートが「1 ドル＝110円12銭」──ということです。

　外国為替相場に関する最も基本的で、容易に手に入る情報は、「ドル円相場」です。**テレビや新聞などで円相場の動きが報道される場合には、とくに注釈が付かない限り、東京市場での円の対ドル相場を指します。**

　日本経済新聞では、前日の東京外為市場での円相場を右ページの表のような形で報じています。
　寄付（よりつき）とは、取引がスタートした9時時点の相場、終値（おわりね）は、取引終了のときの相場です。その間、どのように相場が推移したかが、高値、安値、中心値として示されるのです。

　このうち終値と寄付の相場は112円05銭-112円06銭というように一定の幅（レンジ）で示されます。これは先ほど説明した通り、銀行から見た1 ドルあたりの買い希望値と売り希望値をあらわしているのです。**この希望値を「気配値」と言います。**これは、実際に売買された結果の値段ではありませんので念のため。

　銀行間で「売りたい」とか「買いたい」という値段を提示するのですが、その気配、といった程度の意味です。

日経新聞の「マーケット総合」欄

外為市場　（22日）

◇円相場

（銀行間直物、1ﾄﾞﾙ＝円、売買高は前日、終値は17時、寄付は9時時点、日銀）

		前日
終値	110.15―110.16	110.53―110.54
寄付	109.95―109.97	110.37―110.38
高値	109.88	110.33
安値	110.18	110.76
中心	110.03	110.58
直物売買高		76億5000万ﾄﾞﾙ
スワップ売買高		491億400万ﾄﾞﾙ

◇名目実効為替レート指数

日銀（1999年1月＝100、前日分）
日本円　　　　　　　　　　　100.87

日経インデックス（2008年＝100）
日本円　　　　　103.6
米ドル　　　　　127.3
ユーロ　　　　　102.7

◇主要通貨の対円レート
（17時、東京金融取引所・ＦＸ）
英ポンド／円　1ポンド＝146.31～146.35円
豪 ド ル／円　1豪ドル＝81.605～81.635円
スイスフラン／円　1スイスフラン＝111.28～111.32円
カナダドル／円　1カナダドル＝82.84～82.88円
ＮＺドル／円　1ＮＺドル＝76.00～76.03円

◇主要通貨の対ドルレート
（17時、カッコ内は前日終値）
英ポンド　　　1.3283 ― 1.3287
（1ポンド＝ドル）（1.3144 ― 1.3148）
スイスフラン　0.9894 ― 0.9898
（1ドル＝スイスフラン）（0.9950 ― 0.9954）
豪 ド ル　　0.7410 ― 0.7414
（1豪ドル＝ドル）（0.7367 ― 0.7371）

◇上海市場＝中国人民元
（銀行間取引、17時30分現在）
米ドル　　　6.4964
（1ドル＝元）（6.4917）
日本円　　　5.8940
（100円＝元）（5.8831）

◇対顧客米ドル先物相場
（三菱ＵＦＪ銀、円）

	売り	買い
6月渡	111.05	108.99
7月〃	110.98	108.72
8月〃	110.77	108.48
9月〃	110.53	108.27
10月〃	110.32	107.98
11月〃	110.06	107.74

外為 対顧客電信売相場

		前日
◇三菱ＵＦＪ銀（円）		
米ドル	111.05	111.43
ユーロ	129.24	129.34
カナダドル	84.33	84.60
英ポンド	149.92	149.46
スイスフラン	111.89	111.75
デンマーククローネ	17.44	17.45
ノルウェークローネ	13.85	13.80
スウェーデンクローナ	12.78	12.82
豪ドル	83.32	83.39
ニュージーランドドル	77.68	77.60
香港ドル	14.46	14.51
シンガポールドル	81.90	82.12
サウジアラビアリヤル	30.19	30.30
Ｕ．Ａ．Ｅ．ディルハム	30.59	30.70
タイバーツ	3.43	3.45
インドルピー	1.78	1.79
パキスタンルピー	1.06	1.07
クウェートディナール	372.40	373.54
カタールリヤル	30.96	31.08
インドネシア100ルピア	0.90	0.92
メキシコペソ	6.42	6.42
韓国100ウォン	10.14	10.19
フィリピンペソ	2.22	2.23
南アフリカランド	9.60	9.59
チェココルナ	5.06	5.07
ロシアルーブル	1.97	1.98
ハンガリーフォリント	0.41	0.42
ポーランドズロチ	30.73	30.80
◇みずほ銀		
中国人民元	17.25	17.35
トルコリラ	25.97	25.96
台湾ドル（参考値）	3.63	3.66
◇ブラジル銀		
ブラジルレアル	31.28	31.30

これが
日経新聞の記事

（日本経済新聞 2018年6月23日 朝刊）

ドルを買いたい銀行が提示するレートを「ビッド・レート」、ドルを売りたい銀行が提示するレートを「オファード・レート」と呼んでいます。これらをひっくるめて「気配値」と言うわけです。

ふーん、「気配値」か……

つまり、この日の17時時点では多くの銀行が、「112円05銭だったらドルを買いたいな、06銭だったら売りたいな」と希望していた、つまり注文を出していたということです。

直物とは取引の約束が行なわれてから翌々営業日に、実際に代金決済（通貨の交換）が行なわれるという意味です。**直物相場はスポット・レートとも呼びます。**

これらのデータは、いずれも日銀が17時現在の価格をチェックし、18時前後にはネット上などで公開します。もちろん私たちも自由に閲覧できます。

実際には17時を過ぎても東京市場での為替売買は行なわれているのですが、一応17時時点での為替レートを東京市場の「終値」とすることが慣習になっています。

為替レートは、「前日からどう動いたか」が大事です

この円相場の表のなかで、気づいてほしいことがあります。5つの相場のいずれについても、その前日のレートが横に記載されているのです。これには、ちゃんと意味があります。

それは、**「外国為替レートは絶対値も大事だが、前日からどのように変化してきたか」が、より重要**だということです。

前日からどう動いたかが重要！

◇円相場
（銀行間直物、1ドル＝円、売買高は前日、終値は17時、寄付は9時時点、日銀）

		前　日
終値	110.15―110.16	110.53―110.54
寄付	109.95―109.97	110.37―110.38
高値	109.88	110.33
安値	110.18	110.76
中心	110.03	110.58
直物売買高		76億5000万ドル
スワップ売買高		491億400万ドル

（日本経済新聞 2018年6月23日 朝刊）

前日から円高になっていることがわかる

　前日のレートが脇に記されていれば、それがカンタンにわかりますね。この「前日比」がとても重要なのです。

 なるほど、前日と比べてみるのがポイントか！

　相場の関係者は「方向感」と言ったり、「モメンタム（勢い）」と言ったりします。**要は、今どの方向に向かってどの程度のエネルギーで動いているのか、を見ている**わけですね。
　相場のデータを読むに際しては、これはとても重要なのです。
　これは株式や債券、商品先物等の相場も同じです。

　上の表で示された「終値」で見ると、前日の110円53銭から110円15銭へと38銭円高が進んでいることがわかります。

4 対ユーロ（1ユーロ＝円）も重要です

外国為替市場では円と米ドルだけでなく、ユーロとの比較も大きなポイントになります。また他の通貨も大事です。

最近は「対ユーロ」の動きも大事になってきた

　日本銀行が公表する資料には、「対ユーロでの円相場」の記載もあります。ですが、日経新聞紙上の「外為市場」欄では、東京市場の直物相場についてはドル円レートだけが示されます。

　しかし**朝刊の同じ面の右上の囲み「外為市場」の表の中では、ユーロ円、ユーロドルの相場も掲載されます。**
　今は、対米ドルだけではなく対ユーロでの円相場も重要です。ユーロでの政治的混乱がユーロ安を招き、これがドル高となって、円安に跳ね返ってくるというケースも多く見られます。

なるほど！　米ドルだけじゃイケナイわけだ！

　任天堂やソニーなどは、米国よりもユーロ各国向けの輸出が主ですので、対ユーロでの相場のほうが大事になります。

「外為市場」というコラムを見てみよう

　米ドル、ユーロ以外の主要通貨についても日経新聞ではフォローしています。

〈主要通貨の対円レート〉
英ポンド／豪ドル／スイスフラン／カナダドル／NZドル

　米ドル以外の主要通貨の対円レートが示される欄です。データを公表しているのは東京金融取引所です。**ここで取引された英ポンドをはじめ５つの通貨の対円相場が示されています。**

 このコラムは、なかなか重要ですね！

　掲載されているのは日本時間17時現在のレート。つまり、日本銀行がドル円、ユーロ円などを公表する基準時点と同じです。

記事を細かく見てみる

〈主要通貨の対ドルレート〉
英ポンド／スイスフラン／豪ドル

　ここでは欧州など、主要通貨の対米ドル為替相場が示されています。東京市場で行なわれる外国為替取引の中心は、米ドル対円なのですが、この他にも米ドルを軸に様々な通貨との売買が行なわれています。

　うち代表的な３通貨についてのデータが、ここに記載されています。英ポンド、豪ドルの表示とスイスフランの表示法が逆であることに注意してください。

　前２者は１ポンド＝××、１豪ドル＝××という表示に対して、後者は１ドル＝××スイスフランという表示になっています。この

ため、ポンド、豪ドルについては数値が大きくなるほどポンド高、豪ドル高、スイスフランについては逆にフラン安であることに留意が必要です。

〈上海市場　米ドル／日本円〉

　日本時間17時30分現在での、上海市場での「人民元」の銀行間取引相場を示します。上海は日本より１時間遅れなので、現地時間16時30分です。

「１ドル＝××人民元」「100円＝××人民元」という表記で示されることでわかる通り、数値が大きくなるほど人民元安になります。「１ドル＝110円」といったドル円相場と同じですね。

　中国人民元は2005年まで、事実上、米ドルに対してほぼ固定されていました。しかし、現在では中国政府の管理色は強いですが、需給バランスに応じてある程度、相場が変動することが認められています。

中国の人民元なんかも、知っておいたほうがいい？

　現在では、国が管理する中国人民銀行が毎日基準レートを発表するのですが、それから上下２％の範囲を逸脱した価格で取引することは認められていません。

小さいコラムだけど、かなりのデータだなあ！

　はい。そういうことですね。

「外為市場」コラムをよく見てみる

```
外為市場        (22日)
◇円相場
 (銀行間直物、1ドル=円、売買高は前日、
  終値は17時、寄付は9時時点、日銀)
                       前 日
 終値    110.15—110.16   110.53—110.5
 寄付    109.95—109.97   110.37—110.38
 高値    109.88          110.33
 安値    110.18          110.76
 中心    110.03          110.58
 直物売買高       76億500万ドル
 スワップ売買高   491億400万ドル
◇名目実効為替レート指数
 日銀（1999年1月=100、前日分）
  日本円                    100.87
 日経インデックス（2008年=100）
  日本円                    103.6
  米ドル                    127.3
  ユーロ                    122.7

◇主要通貨の対円レート
           (17時 東京金融取引所・FX)
 英ポンド／円   1ポンド=146.31〜146.35円
 豪 ド ル／円   1豪ドル=81.605〜81.635円
 スイスフラン／円 1スイスフラン=111.28〜111.32円
 カナダドル／円  1カナダドル= 82.84〜82.88円
 NZドル／円   1NZドル= 76.00〜76.03円
◇主要通貨の対ドルレート
           (17時、カッコ内は前日終値)
 英ポンド        1.3283 — 1.3287
  (1ポンド=ドル)   (1.3144 — 1.3148)
 スイスフラン      0.9894 — 0.9898
  (1ドル=スイスフラン) (0.9950 — 0.9954)
 豪 ド ル        0.7410 — 0.7414
  (1豪ドル=ドル)   (0.7367 — 0.7371)
◇上海市場=中国人民元
       (銀行間取引、17時30分現在)
 米ドル          6.4964
  (1ドル=元)      (6.4917)
 日本円          5.8940
  (100円=元)      (5.8831)
◇対顧客米ドル先物相場
           (三菱UFJ銀、円)
         売り        買い
 6月渡   111.05     108.99
 7月〃   110.98     108.72
 8月〃   110.77     108.48
 9月〃   110.53     108.27
 10月〃  110.32     107.98
 11月〃  110.06     107.74
```

（日本経済新聞 2018年6月23日 朝刊）

　主要通貨の対円レート
　主要通貨の対ドルレート
　上海市場（中国人民元）

 いろいろな情報がぎっしり詰まった、
為替を見るためには大切なコラム！

PART3　為替データの"種類"と"読み方"を見てみよう

5 対顧客向け為替相場とは？

顧客向け為替レートは、企業向けと個人向けに分けられます。
私たちにとって身近なのは、個人向け為替レートです。

大口の法人顧客相手の為替レートとは？

127ページで、為替相場は大きく4つに分かれると説明しました。ただ大別すると、「銀行間レート（インターバンク・レート）」と、「対顧客レート（相場）」の2つに分かれると考えればいいでしょう。そしてそれぞれ、先物と直物があるわけです。

ここまでは、銀行間直物取引について説明してきました。
　これに対し、「顧客向け為替取引」というものがあります。ここでいう「顧客」とは、銀行から見て企業や個人を指しています。この場合、金融機関と顧客が取引するわけですが、金融機関はここで「手数料」を取ります。

通貨の交換は、個人でもやるもんね！

たとえば企業の場合、ABC産業とX銀行の間で、「ドルと円の交換手数料は、1ドルあたり2銭」と決めたとします。このとき、銀行間レート（インターバンク・レート）が「1ドル＝110円10銭」の場合、ABC産業が銀行からドルを買うときの取引レートは「1ドル110円12銭」——です。
　手数料は、銀行に対して強い大企業ほど、安いのが普通です。

グローバル化が進み、こういう取引は当たり前になっています。仮にABC産業がX銀行から100万ドルを買った場合、1ドルあたり2銭ですから、銀行は2万円の手数料を得ます。

主に個人相手の為替レートは、どう違うのか？

たとえば、輸出企業が手に入れたドルを国内で使うには円に換える必要がありますが、このためにはドルを売り、円を買います。

また、それまで国内で調達していた半導体部品を台湾企業などからの輸入に切り替えたため、台湾ドルでの支払いが必要になったメーカーもあるでしょう。

この場合は、円を台湾ドルに換えて支払うことになります。

通貨の交換（外国為替取引）は、私たち一般個人も行ないます。**最も身近なところでは、海外旅行のときの両替**ですね。米国に旅行するには、円をドルに換えておきますし、今は世界でキャッシュカードが使えますが、これもカードを使った日の為替レートで「支払額」が変わってきます。

海外旅行のときに為替を意識するもんね！

あるいは、子どもを米国留学に出している場合、円をドルに換えて、ドルを送金します。

このような通貨の両替は、銀行との間で行なうケースが多いでしょう。**企業や個人が銀行との間で、円と外貨の「売り」や「買い」のときに適用される相場が、対顧客向け為替相場**です。

もちろん「対顧客」とは銀行から見た表現ですね。銀行間で取引される銀行間為替レートは、いわば卸売価格であり、ここで説明する対顧客向け為替相場は小売価格にあたるものと考えられます。

個人が外貨を両替するときなどのレートには手数料がかかる

　三菱UFJ銀行が28通貨について、毎朝10時〜11時ごろ「いくらで取引するか」を発表します。

　中国人民元や台湾ドル等はみずほ銀行が、ブラジルレアルはブラジル銀行が発表したものが日経新聞紙上に掲載されます。**新聞紙上のマーケット欄の「外為市場」のところです**（⇒P133参照）。

　銀行は「仲値（TTM＝Telegraphic Transfer Middle rate)」を決め、それを基準に4つの為替レートを決めます。

　この対顧客向けの為替レートについて、それぞれ説明していきましょう。なお、いったん決められたレートは、原則としてその日1日変わりません。「売相場」とは銀行から見て「外貨を売る」の意味です。日経新聞で示されるレートはこれです。「買相場」は、銀行が外貨を「買い取る」ときに使います。

①TTS（Telegraphic Transfer Selling rate＝対顧客電信売相場）

　外貨を買うとき……たとえば円をドルに換える場合、銀行間で取引されているインターバンク・レート（仲値）に1円上乗せされるのが一般的です。このとき、豪ドル、ユーロなど、それぞれ少しずつ違います。

　なお、これらの外貨の売り買いについて、売りと買いの幅（スプレッド）は、個別銀行ごとに自由に決められます。今では、ネット専業銀行の外貨の売買では、この幅が極端に小さくなっています。

②TTB（Telegraphic Transfer Buying rate＝対顧客電信買相場）

　海外から送金された外貨や、満期になった外貨預金を顧客が円に換えるときの為替レートです。ドルを円に換える場合、通常仲値か

TTSとTTBのしくみ

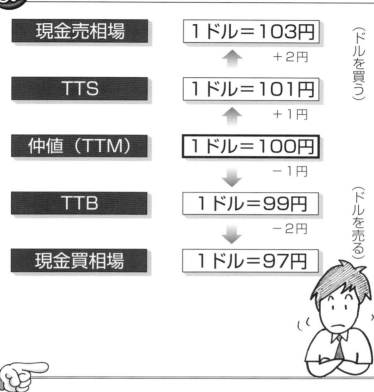

ら1円引かれますが、これも通貨によって異なります。
「バイイング・レート」とも呼ばれますが、われわれ顧客の側から見れば外貨の売値（つまり売りレート）ですね。

ふむふむ、これがTTS、TTBか……

PART3 為替データの"種類"と"読み方"を見てみよう

③現金売相場

　TTSとTTBは金融機関の口座での通貨交換ですが、その場で現金に換える場合は少し異なります。「現金売相場」は、私たちが円を外貨の現金に両替するときの為替レートです。一般的に、TTSからさらに2円上乗せされます。

　顧客にとっては、負担が大きいですね。

④現金買相場

　外貨の現金を円に両替するときのレートです。TTBからさらに2円引かれます。

 TTS、TTBの手数料は、通貨によってこんなに違う！

　これらの対顧客相場は銀行間での相場を基準に、銀行が手数料相当分を上乗せする形で決められています。その手数料分はすでに述べたように、各通貨によって異なります。

　米ドルは一般にその差が2円なのですが、ユーロだと3円、豪ドルでは4円、そして英ポンドでは8円……というように相当の差があります。

　これらは各銀行が個別に自由に設定するという建前になっているのですが、現実には大手の銀行に「右倣え」となっています。もっともネット専用銀行の外貨売買では、この手数料をメガバンクより大幅に引き下げているケースが多く見受けられます。

 ネットバンクなどは、安かったりするなあ……

　なお銀行が公表している「対顧客相場」がそのまま適用されるの

現金売相場と現金買相場

TTSとTTBは金融機関の口座での通貨交換

現金売相場
円を外貨の現金に両替するとき

現金買相場
外貨の現金を円に両替するとき

その場で現金に換えるときのレート

いずれもTTS、TTBより2円上乗せされる

は、米ドルに換算して10万ドル未満の金額（日本円では1100万円程度＝2018年6月現在）であることが普通です。

それ以上の金額になると、銀行との間で交渉により交換レートが決められるのが普通です。

また、**日中の為替相場変動が大きな場合には、適宜レートが変更されます。**

 いずれにしてもTTSとTTBは、大事な要素ですね！

6 先物為替相場を読むポイント

> 外国為替取引には、直物と先物がある。契約の何カ月か後に通貨を交換するのが「先物取引」で、契約時にレートを決めておくのです。

そもそも先物為替取引とは、どういうもの？

ここまでは、銀行間、対顧客の「直物取引」について見てきました。ここからは「先物取引」について説明します。

新聞紙上では先物相場については、対顧客先物相場だけが掲載されます。ここでは為替の先物取引の意味から説明しておきます。

為替取引では、先物取引がとても重要な意味を持ちます。
外国為替市場で、**契約してから翌々日に実際の通貨の受け渡しをするものが直物取引**ですが、**3カ月先、6カ月先といった先付けで通貨を受け渡すという先物取引**があるのです。

ではこの先物取引は、どんな役割を果たしているのでしょうか？

企業が海外と貿易するとき、今日買って今日代金を支払う、なんてことはありません。輸入の場合だったら、船便で3カ月後に荷物が着くことを前提に、代金の受け渡しは3カ月後の特定の日に行なう——といった契約をするわけです。
したがって、ドルで代金を支払う場合は、それに備える必要があります。支払い時、あるいは支払い直前に円をドルに換えようとし

輸入予約の仕組みとは？

> ３カ月後に100万ドルの輸入代金を支払う
>
> ↓
>
> ３カ月後の為替レートではなく、
> 円安になってもいいように、
> あらかじめレートを決めておく
>
> （現在　　　　　→　３カ月後
> 　１ドル＝110円　　１ドル＝140円）
>
> 円安だと多めの円を用意しなければならないので、
> たとえば「109円80銭」と為替予約をしておく

たら、とんでもない不利な条件でしかドルに換えられないことも想定されます。

　何でも準備が肝心！

 例をあげて見てみよう！

　たとえばあなたの会社が、３カ月先に100万ドルの輸入代金を支払うことになっていたとしましょう。現在は「１ドル＝110円」です。つまり今の相場だったら１億1000万円を100万ドルに換えればいいだけです。

　しかし、３カ月後の支払時期に「１ドル＝140円」になっていればどうでしょう。１億4000万円の円を用意しなければなりません。

　こんなときっと「ああ、もっと早めに100万ドルを用意してい

ればよかったな」と後悔するはずですね。

こんなリスクを排除するために、先物相場が使えるのです。**為替変動のリスクをヘッジするわけです。**

今では普通に使われる「ヘッジ」という言葉は、要は「リスクを回避する」という意味です。

契約時に為替のレートを決めておけばリスクもない

先ほどの例なら、ドルの支払い予定に合わせて「３カ月先に手持ちの円を100万ドルに交換する」という契約を銀行との間で結んでおきます。

もちろんドルと円の交換レート（相場）は決めておきます。

たとえば109円80銭というように。

そうすれば、**実際に代金を支払う３カ月後にどれだけ円安になっていても、当初の約束通りの「１ドル＝109円80銭」のレートで100万ドルを手に入れることができるのです。**為替相場が変動したために、契約時よりも多額の円を用意しなければならない、といったリスクからは免れますね。

これが「輸入予約」と呼ばれるものです。輸入業者が利用するものだからです。

 「輸入予約」でリスク回避だね！

逆に、たとえば「３カ月後」に手に入ることが決まっている外貨（輸出代金）がある場合――。このときは外貨を円に換えておく約束を、今の時点でしておきます。

これが「輸出予約」です。

これは、輸入予約とは逆に「先物の円を買う」という契約です。

輸出予約の仕組みとは？

> 3カ月後に手に入ることになっている
> 輸出代金がある場合──

> 「今」の時点で外貨を円に
> 換えておく予約をしておく

> 輸入予約も輸出予約も、為替変動の
> リスクを避けるためのもの

「輸出予約」というものもある！

　このように先付けで円をドルに換えたり、受け取る予定のドルを円に換えたりといったニーズは多くの企業が持っています。そのために通貨の両替（交換）をしている銀行を相手に、先物でドル、円の売り買いをするのです。

　くどいようですが「**契約は今しておくのだけど、実際にドルと円など通貨の交換は３カ月先とか６カ月先に行なう**」のです。

 なるほど、これでほぼ、わかったぞ！

PART3　為替データの"種類"と"読み方"を見てみよう　149

7 銀行間での
為替先物取引とは？

先物レートも、まず銀行同士の先物レートが決まり、そのあと
対顧客の先物レートが決まります。

「先物レート」は、どんなふうに決まるのか？

通常の為替レートは「直物レート（スポット・レート）」、あらか
じめ決められた為替レートで売買をするときのレートが「先物レー
ト（フォワード・レート）」です。

では、先物為替相場はどのように決まるのでしょうか？

これもやはり、銀行同士が行なう先物取引のレートが基準になる
のです。

先物レートも、銀行間取引レートが基準になる！

前項のように、**企業と為替取引をしている銀行は、各通貨の手持
ち額を常に調整していなければなりません。**取引先の企業から毎日
のように、「３カ月先の受け渡しで100万ドルが必要」「２カ月後に
560万ドルを売って円を買っておきたい」——といった注文が舞い
込んでいるからです。

そうなると、銀行ごとに「ドルが不足」「ユーロが余っている」
「３カ月先ではドルが５億ドル余っているが、５カ月後には逆に１
億ドル不足」——というように、台所事情はバラバラになります。

150

銀行間の先物レート

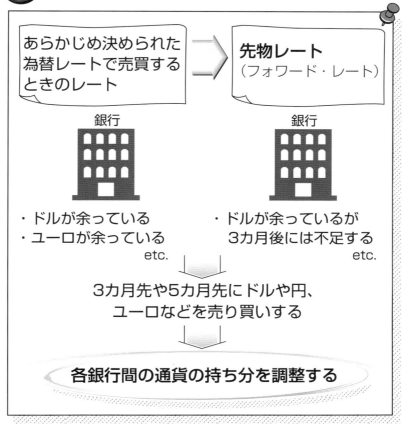

　そこで、**3カ月先とか5カ月先といった一定期間後に、ドルやユーロや円などの通貨を売り買いする**のです。こうすることで、各通貨の持ち分を調整しているわけですね。

　もちろんここでは、需給バランスによって各通貨の先物相場が決まっていきます。

　これが銀行間での先物市場です。

先物レートも「銀行間の取引相場」が基準になる

　ここでの銀行間取引相場が基準になって、前に述べた企業など顧客向けの先物相場が決まります。
　このあたりは、翌々日の交換を前提に取引される直物取引のレートを基準に「対顧客レート（TTSなど）」を決めるのと仕組みは同じです。

　ここで少し気をつけておきたいこと──。

 え……何だろ？

　130ページで、「為替相場の基本は銀行間直物相場」と書きました。そのため、

「まず直物相場が決まって、それを基準に先物相場が決まる」

と思う方がいらっしゃるかもしれません。しかし、**現実にはここで述べた先物相場が先に動いて、これが直物相場を動かすことも頻繁に起こります。**
　だからこそ、外国為替取引では先物取引がとても重要になってくるのです。

 これは気をつけておこう！

「先物主導でドルが一段高」
「輸入予約が嵩んで円高が一段と進んだ」

先物レートが直物レートを動かすこともある

先物レート　　　直物レート(じきもの)

先物取引相場が先に動いて、
直物相場を動かすことも多い

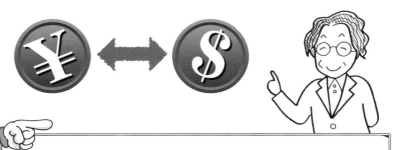

いずれにしても、銀行間取引レートが
基準になって、顧客間の相場が決まる

　……といった報道にお目にかかることがありますが、これはまさにこうした先物主導の状況を指しているのです。

　なお、このように先物相場が先に動き、それから現物相場（為替では直物相場）が動くというのは、株式市場や債券、あるいは商品市場などでも頻繁に見受けられます。

PART3　為替データの"種類"と"読み方"を見てみよう

8 米ドルが世界の基軸通貨です

経済でも軍事でも、世界最大の国である米国の「ドル」は、世界経済に様々な影響を与えます。

 多くの通貨のなかで最も信頼できるのが「基軸通貨」！

ユーロ、ポンド、中国の人民元など、多くの通貨がありますが、外国為替取引のメインは、日本だと「ドル＝円」です。これは日本に限らず、**世界のほとんどの国の外国為替取引のメインは、「自国通貨とドル」**なのです。イギリスなら「ポンド＝ドル」ですね。

多くの通貨のなかで最も頻繁に利用され、影響力も高いのが米ドルなのです。

 基軸通貨は多くの取引の中心になってるんだね！

ドルは、世界中たいていの国で使えます。たとえば韓国のウォンや台湾ドルなどは、いくらこれらの国が成長してきたからといっても、海外ではなかなか使えません。

また、世界各国の貿易取引決済でも、ドルが使われます。いわば「万国共通」で使える通貨なのです。「基軸通貨」と呼ばれるゆえんです。

 そういえば、米ドルは世界のどこでも通用する通貨だ！

米ドルは世界の基軸通貨である

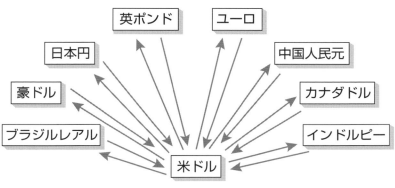

どの通貨もまずドルとの交換レートが原点

「外貨準備高」もドルがトップだ！

106ページで、政府・日銀の市場介入を説明しました。このとき、**「外貨準備高」**を取り上げましたね。

これは、それぞれの国の政府が対外的に支払うための準備資金として持っている外貨の額のことです。**経済危機などが起こったとき、日本なら円だけしか持っていないと、円が大暴落したら大変なことになります。**

そこで、リスクを分散するため、各国の通貨を持っておくのです。ちなみにみなさんが外貨投資をするときも、複数の国の通貨を持っておくのが"セオリー"でもあります。

この外貨準備高は、何かあったときのためのものです。となると、最も信頼できる通貨を持っておくべきでしょう。

PART3 為替データの"種類"と"読み方"を見てみよう 155

世界各国の外貨準備高のうち、ドルは60数％と、20％前後のユーロの3倍以上に達します。この面でも「基軸」通貨なのですね。
　ちなみに、第3位は英ポンドで4.5％くらい、その次が日本円で4.3％くらいです。

しかし今のドルはそんなに強くない

　ドルが基軸通貨である理由は、世界最大の経済大国であり、軍事大国だということが背景にあります。外国為替取引では「**有事のドル買い**」という言葉もあります。テロなどで経済不安が広がったとき、とりあえずドルを持っていれば安心という意味です。
　ですが、**影響力の大きい通貨であっても、どんなときでも「持っていれば安心」とは言いきれません**。2008年秋の「リーマンショック」のときなど、1929年の世界大恐慌を思わせるほど、全世界が不況に陥りました。

　米国を始め株価は軒並み大暴落し、このときの為替レートは総じて「ドル安」になりました。

 ドルだって安心はできませんね……

　ドル安になると円高になります。少しずつ円高になるなら、日本経済も対応できたでしょうが、一気の円高です。貿易に頼っている日本経済は、大きな影響を受けました。
　リーマンショック前には1ドル＝110円だったドル円相場は、2012年1月には実に76円台まで円高が進みました。市場介入のところで述べた「2011年頃の大量のドル買い・円売り介入」があったのが、このときだったのです（⇒P107参照）。
　加えて最近の世界情勢は不安定です。米国の経済力も以前ほどで

ドルも決して安全ではない!?

世界最大の
経済力と軍事力

ドルに対する
信頼感が生まれる

世界各国が外貨準備高
として保有している

貿易の決済に
多く使われている

しかしアメリカも万全ではない。このまま
基軸通貨でいられるか常に目配りが必要！

はありません。

　ユーロは最初、ドルに代わって基軸通貨になるかと期待されていましたが、その後、同盟関係にヒビが入り始めたこともあり、ユーロ圏も一枚岩とは言えません。

 ユーロも鉄壁ではないんだ！

　むしろ「円キャリー取引」の箇所で詳しく述べた通り、今は、ある意味では円のほうが「いざとなったら駆け込めばいい」と信頼されているぐらいです。

　世界中が不安定になっている今、ドルがこのまま基軸通貨でいられるか、円、ユーロ、人民元はどうか……**政治情勢もあわせて、こうしたことに常に目配りしておきたいものです。**

PART3　為替データの"種類"と"読み方"を見てみよう　157

9 基軸通貨と「クロス・レート」

ドル以外の通貨の交換レートは、基軸通貨である「ドル」を基準に決められる。「1ドルならいくら？」という考えです。

 ドル以外の2つの通貨の交換レートも、米ドル基準です

これまでは、ドル円相場、ユーロ円相場、豪ドル円相場というように、円との交換比率を示す為替相場を説明してきました。

もちろん「ウォン＝円」や「ブラジルレアル＝円」という為替相場を必要とされる場合もあります。ただし、**ドルを一方に含まない為替相場は原則として、米ドルを基準にした相場をもとにして算定される**のです。

たとえばブラジルの鉱山会社が日本の鉄鋼会社に鉄鉱石を輸出する場合、最終的にはブラジル企業は「レアル」の通貨が必要です。つまり日本の企業は、保有する円をブラジルレアルに交換して払わなければならないことがあるのです。

この場合、円とレアルの交換レートは……？

こういうとき、**世界の基軸通貨である米ドルに換算すればどうなるか……と考える**のです。というのも、円とブラジルレアルとの直接的な通貨交換は、日常的にはそれほど多くありませんから。

 クロス・レートの計算方法はカンタン！

この場合、たとえば米ドルとブラジルレアルの相場が「1ドル＝

これが「クロス・レート」です！

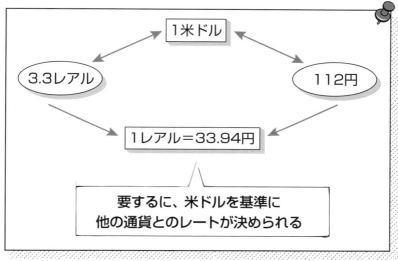

要するに、米ドルを基準に
他の通貨とのレートが決められる

3.3レアル」、ドル円相場が「1ドル＝112円」だとしましょう。

112円÷3.3レアル＝33.94円

　このように計算して、「1ブラジルレアル＝33.94円」となるのです。これが**クロス・レート**と呼ばれるものです。米ドルを「クロス」する格好で、円とブラジルレアルの交換レートが決められます。

　貿易では、ほとんどの場合には米ドルを基準に決済されます。つまり、**あらゆる通貨と米ドルとの交換比率（為替レート）は常にリアルタイムで決められている**のです。

　このように貿易決済通貨としてドルへの需要が強いことが、米国が世界有数の貿易赤字国であり、経常収支赤字国でありながら、その強さを保っている要因のひとつなのです。

PART3　為替データの"種類"と"読み方"を見てみよう　159

10 ネットで為替情報を読む

為替は刻々と変動しています。インターネットならリアルタイムのレートを知ることが可能です。

ヤフーファイナンスのサイトを見てみよう

　日経新聞に掲載される主な為替データについて、説明してきました。しかし、時々刻々と動く円相場などのデータをリアルタイムでウオッチしたい、という方も少なくないでしょう。
　実際、FX投資をしている人のなかには、極端に言えば3分、5分といった小刻みな為替変動を捉えて、利益を追求しようとしている人も少なくありません（⇒P56参照）。

いろんなネット情報が、こうしたニーズに応えてくれるね！

　多くの人がご覧になる朝刊。この新聞原稿の最終締切は、おおむねその日の午前0〜1時頃です。ということはニューヨーク市場での取引がスタートしてから、まだ数時間の頃です。
　このため、**日本の夜中……ニューヨークでは盛んに取引が行なわれているデータは、どうしてもネットに頼らざるを得ません。**

　今では多くの通信社や為替取引会社などが、独自で多様なデータを配信しています。ここでは最も一般的な「YAHOO！ファイナンス」の画面上でデータを見ていきましょう。

160

ヤフーファイナンスのトップ画面

 時々刻々と動く為替相場を簡単に
リアルタイムで見ることができる

PART3 為替データの"種類"と"読み方"を見てみよう　161

まず前ページの画面を御覧ください。これはヤフーファイナンスのTOPページです。
　皆さんが普通に使っていらっしゃる「YAHOO！ JAPAN」から左欄の「主なサービス」中の「ファイナンス」をクリックすればこの画面になるはずです。

 **ふむふむ……**

　次に、この画面の上部の「FX・為替」をクリックしてください。そうすると、次の画面があらわれますね。
　これが右上の画面です。

　一番左のグラフが「米ドル／円」のチャートです。ちょっと小さいのでポインターをこのチャートの上に置き左クリックすると、グラフが拡大されてあらわれます。**これが右下の画面**です。

　多分デフォルト（標準）では「5分」「中期」「ローソク」が選択された状態になっているはずです。「5分」刻みでのチャートでしたら、おそらく左右いっぱいで半日分のドル円相場の推移が示されているはずです。

これは、なかなかわかりやすい！

　日本時間の平日午前8時頃に、この画面を開いたとしましょう。この時間帯は、ニューヨーク市場の為替取引がシドニー市場に引き継がれ、さらに東京市場での取引が始まる頃に当たります。
　ここでも、同様にユーロ円、豪ドル円……、主要な通貨のリアルタイムの対円相場をチェックできます。

ヤフーファイナンスの中に入ってみる

FX・為替の画面

ここをクリックすると……下の画面（米ドル／円の動き）

ここをクリックするとP165の画面

PART3　為替データの"種類"と"読み方"を見てみよう

こんな利用もできる、ネットデータ！

　以上は、リアルタイムでの相場をチェックする方法ですが、これ以外にもネット情報ならではの利用方法があるのです。

　それは、データ表示期間を自由に設定することで、これまでの動きをより詳細に、より長期的な視点で俯瞰できるという点です。

 ## ネットなら「いつから、いつまでのデータ」、と設定できる

　新聞はその名の通り「新」しい情報を提供するのが基本。視点がどうしても「前日に比べ」とか「この日１日の動きは」という短期的なものになりがちなのです。

　しかしネットの情報は自在です。１分単位での超短期の動きから、長期間にわたる動きまで俯瞰できます。

　それでは、そのためには、前ページ下の画面からさらに進んでいきましょう。

　画面の上の方にある「１分」から「１月」とある中の、「１月」をクリックしてみましょう。そうすると右の画面が出てきますね。これだと、過去７年以上にわたる相場の推移がわかります。

　「１月」というのは、１カ月の動きを１つの目盛りとして描いたチャートであることを示しています。これで見ると2018年現在では、2011年頃からの動きが示されます。この間に相当円安が進んでいることが一目瞭然ですね。

1分から1カ月ごとの為替の動きがわかる

これは1カ月単位の、米ドル・円相場の動き。
「1分ごと」だと、レートが少しずつ動いているのがわかる

　こうして期間を変えながらいろいろなチャートを見てみると、為替相場はいかにダイナミックに動いているかが実感できます。ぜひお試しください。

PART3　為替データの"種類"と"読み方"を見てみよう

11 実効為替レート指数欄の読み方

世界はますますグローバル化し、ドル円相場だけ見ていても、為替相場はわからなくなってきました。「実効為替」を見ましょう。

対ドルだけ見ていると見落とすこともある

ここまで、主に「ドル円相場」に限定して見てきました。しかし、私たちは次のようなニュース解説をよく見かけます。

「円はドルに対して下げたが、対ユーロでは堅調な動き」
「豪ドルは円、並びにドルなど全通貨に対して上昇」

これは、**各通貨はバラバラに動いている**ことを示しています。
つまり、1ドル＝110円から111円に変化した。これは、もちろん円安・ドル高です。このとき、1ユーロ＝120円から118円になったとすると、どうか？
ユーロで見れば円高・ユーロ安ですね。

では全体として見ればこの間に、各国の通貨に対して円は上がったのか、それとも下がったのでしょうか？

 う〜む？？？？？？？？

「米ドルが基軸通貨なんだから、米ドルとの比較において、円安でいいんじゃないの」

166

とおっしゃるかもしれない。

しかしこれだと、任天堂やソニーのようにユーロ貿易のウエイトが高い会社は困るわけです。

 任天堂やソニーはヨーロッパとの貿易が多い？

そうです。

任天堂やソニーにとっては、対米貿易よりもはるかに対ユーロ貿易のウエイトのほうが高い。ということは、対米ドルで見た円高、円安よりも、対ユーロで円高であるのか、それとも円安なのかというほうがはるかに重大事なのです。

少なくとも、為替相場の変動から受ける影響は対ユーロで考えるほうが大きいのです。

 米ドルだけ見ていればいい、というものでもないのか……

とするなら、ドルとの関係でのみ円相場を見ているだけでは、為替の動きの全体像を把握できません。ではどう考えるか？

 実効為替レートを見れば通貨の強さが"総合的"に比較できる！

169ページのグラフをご覧ください。

これは、2009年1月＝100として、その後の主要外貨の対円相場の動きを「指数」として示したものです。

「ああ、ドル相場だけを見ていてもだめなんだな」

とおわかりいただけると思います。ここでもう少しグラフを見てみましょう。

メンドそうだけど、面白そうだな……

　右のグラフは、2009年1月時点の各国通貨の対円相場を100として示したものです。上に行けば行くほど各国通貨が円に対して上げていること（外貨高・円安）、下がっていればその通貨は安く、円は高くなっていること（外貨安・円高）を示しています。
　さてどうでしょう。

　米ドルは2011年までには円に対してほぼ一貫して下落（ドル安）、2011年半ばには10％も下がっています。米ドルだけ見ていれば「やっぱり円は断然強いのね」としか見えません。
　しかし、**豪ドルはその間に3割以上、上げている**のです。韓国ウォンやカナダドルも10％程度上がっているのです。つまりこれらの通貨に対しては円安が進んでいたのです。

　こんな場合にドル円相場だけを見て、「円高！」と決めつけるのは、ちょっとおかしいですね。だって、米ドル以外のほとんどの通貨に対して円は下げているのですから。

 さて困った。どうすればいいんだろ？

　こんなとき、**円が世界の通貨のなかで、総合的にどのあたりに位置しているのかが一元的に（1つの数値で）わかれば便利**ですね。

　実はそれが「実効為替レート指数」なのです。
　為替相場を見るときに、この指標は非常に重要になってきます。

　では実効為替レートとは、いったい何でしょう。

ドル円相場だけを見ていても円の強弱はわからない

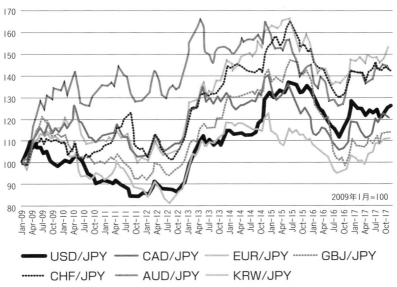

2009年1月=100

― USD/JPY ― CAD/JPY ― EUR/JPY ……… GBJ/JPY
……… CHF/JPY ――― AUD/JPY ――― KRW/JPY

2009年1月を「100」としてその後の
主要外貨の対円相場を見ると…

米ドルに対して円高になっていても、
豪ドル、カナダドル、ウォンに対しては円安！

こんなときは実効為替レート（次ページ）を
見ると、円の実力が総合的にわかる！

PART3　為替データの"種類"と"読み方"を見てみよう

ひと言で言えば貿易額に応じて（貿易額で加重して）求められた指数なのです。

この実効為替レート指数は、身近なところでは、日本銀行が毎日算出する「円の名目実効為替レート指数」が新聞紙上などに公表されています。また、日本経済新聞は円、米ドル、ユーロの３つの通貨についてのインデックスを掲載しています。
朝刊マーケット総合１面の左下スミの「外為市場」中にあります。

これは、133ページでもご紹介した通りです。

 おお、ここか！

では、そもそも為替の実効レートとは、どんなふうに計算すればいいのでしょうか？

 ## 実効為替レートの計算方法も、ついでに押さえておこう

ここではごく基本だけを極端に単純化して、お話ししておきます。

たとえば日本の、米国との貿易比率が60％、対ユーロとは40％だったとしましょう。対外貿易は、これだけだとします。
そして１年間に円はドルに対して10％上がり、ユーロに対しては20％下がったとしましょう。この場合、ドルに対して10％上がったことのウエイトは６割、ユーロに対し20％下がったことのウエイトは４割です。

このため、次のような計算により、当初100だった円の総合的な相場は２％下がって98になったと計算するのです。つまり貿易額で

加重して計算するのです。

これって簡単でしょ。

 簡単じゃありませーん^^)v

$$\frac{(+10\% \times 6) + (-20\% \times 4)}{4+6}$$
$= -2\%$

 ほえ〜　これは面倒だ！

もちろんこんな計算を、みなさんがする必要はありません。

前述したように、日経新聞では平日毎日、日銀が発表する「名目実効為替レート指数」を掲載しています。また、日経新聞が独自に算出している通貨インデックスが3種類（「円」「米ドル」「ユーロ」）が掲載されています。

ここで注意しておきたいことがあります。

それは、**実効為替レート指数は、数値が大きいほうが通貨高である**ということです。

さて——、

ではこうして計算された円の実効為替レート指数は、私たちが円相場と呼んでいる「ドル円相場」とどの程度違うのでしょうか？

173ページのグラフは、アベノミクスが始まってからの、2013年初め以降のドル円相場と円の実効為替レート指数を比較したものです（上のほうが円高であることを示す）。

円はドルに対して相当下げています（円安）が、円の総合的な実力を示す実効為替レートの下落は緩やかです。

　たとえば2014年半ばと2018年4月を比較してみましょう。ドル円相場で見ると、明らかに円安に進んでいます。しかし円の実効為替レート指数は逆に上がっています。つまり円高なのです。**ドルだけではなく多くの外貨との比較では、この間、円はむしろ強かった**というわけです。

 やっぱ、米ドルだけ見ていてもダメなんだなあ

　ドル円相場だけではなく、円の総合的な水準を示す実効為替レートの重要性がおわかりいただけると思います。

 なるほど、これはけっこう重要な指数だ！

 実効為替レートをたとえて言うと……

　この実効為替レートは、たとえて言えば、こうなります。

　同じクラスの親友で学習面でもライバルであるWくんがいる。テストのたびにいつも彼に比べて点数が高かったか低かったかが気になる。
　しかし、考えてみれば、僕の点数を客観的に評価するんだったら、W君と比べるだけじゃなく、みんなと比べるべきだ。つまり平均点に比べて僕の点数がどうだということが重要だ。

実効為替レート指数を見る

ドル円相場では円安だが円実効レートはほぼ横ばい

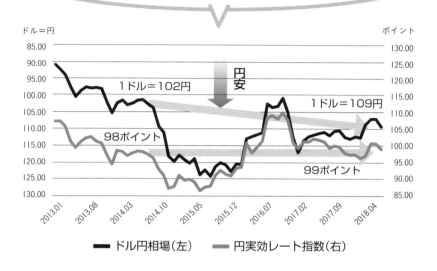

円相場ほど実効為替レートは下がっていない。
この指数は重要！

PART3 為替データの"種類"と"読み方"を見てみよう 173

こういう感じで、ここで言う「平均点を基準にすれば僕の成績がどうか」というのが実効為替レート指数の考えなのです。

PART 4

「為替」は経済構造まで
変えてしまう！

為替の変動は、ときには産業構造を変えて
しまうほどの大きなパワーがあるのです。

1 為替レートの変動は「富の移転」を促す

為替が動いて景気や株価が変わることによって、経済全体の構造が変わっていきます。こういう視点も重要！

為替レートが動いて起こる影響を俯瞰的に見てみよう

為替相場の変動が、企業や家計や消費など、いろいろな経済活動にどんな影響をもたらすのかを見てきました。

為替相場の動きは、経済全体の構造を変化させる影響力があるのです。

最後に、為替相場の変動がもたらす影響を、もう少し俯瞰的に見てみましょう。

円高や円安の影響を、マクロで見るワケネ♥

円高・円安により、日本国内だけで見ても得をする人と損をする人がある、ということを説明してきました。このことは実は、**為替相場の変動は富の移転をもたらすこと**を示します。

ある人には経済的にプラス、別の人にはマイナスであるのなら、これは富（財産）が移転しているわけです。

円安が進むと自動車、工作機械メーカーといった輸出企業の業績は上がります。それに対し石油会社や輸入食料を多く扱う大型食品スーパー、大量の輸入飼料を使う畜産業者の収益は圧迫されます。

為替の変動とは「富の移動」

 円高 円安 → ある人には経済的にプラス、別の人にはマイナス──ということ

富(財産)が移動している！

「富の移転」と言うと大げさに感じるが、要するに「お金」の移動です

　輸入原材料のコストアップ分を100％販売価格に転嫁することは、無理です。このとき、円安になったことで、輸入に依存する産業から輸出に依存する産業へ、富の移転が行なわれているわけです。

　要するにマクロ経済で見れば、**景気全体の大きなうねりのなかで、産業分野の「富の移転」が起きている**のです。と同時に景気や株価の変動が来る──あえて言うと、こういうことでしょうか。

 要するに「お金」が移動するんだ！

　そうです。「富の移転」と言うと大げさに聞こえますが、要するにお金の移動です。そしてそれこそが「経済」の本質なのです。

PART4　「為替」は経済構造まで変えてしまう！

「富の移転」は家計にも及びます！

もちろんこれは企業レベルにとどまりません。

　円安で収益が増えた企業は従業員への賃金を上げ、収益不振の輸入企業の賃金アップは望み薄です。
　つまり**家計レベルでも富の移転が起こる**のです。

　さらに、家計では収入の多くが「消費」に回ります。一部の高所得者以外の、いわば普通の庶民は、必要なものを買い（消費し）、その上で預金などをするわけですね。

　全体的には円安によるエネルギー、輸入食料品、各種輸入雑貨の値上がりにより、家計の負担が増します。物価が5％上がればそれは直ちに実質購買力が5％低下する……つまり生活のレベルが下がることを意味します。

「富の移転」という視点で経済を見てみよう

　ただし、この場合、家計とひと口に言っても、消費スタイルの違いにより、円安から受ける影響は実に様々でしょう。

　つまり──、
　自家用車関連への消費ウエイトが高い人はガソリン代がかさみますし、年に数度でも海外旅行へ行くことが習慣になっている人も、円安による負担感をより強く感じるでしょう。

「富の移転」は家計にも及ぶ

 円高 円安 → 産業（企業）レベルで大きな「富の移転」が起こる

この動きは消費（家計）にも！

為替が動くと消費がかさんだり、抑えられたりする

ここでも「富の移転」が……
これが経済の本質です

　金利が下がれば「お金の貸し手」から「借り手」へ富が移転しますね。こうして不動産価格が上がれば「自宅を持たない人」から、「自宅以外に貸家を持つ人」への富の移転が起こります。

　同様に、円高、円安というように為替相場が動けば、直接、間接を問わず、企業間でも家計でも、様々なレベルで富が移転しているのです。

なるほど、為替で経済構造そのものが変わっちゃうわけだ！

PART4　「為替」は経済構造まで変えてしまう！　179

2 為替相場は国際貿易における「スタビライザー(バランサー)」です

為替の動きは貿易に直結し、各国の経済を自動的にバランスよく保たせる役割もあるのです。

 為替は価格(物価)に大きな影響を及ぼす

モノの価格は、需給バランスによって決まります。
と同時に、その**価格の変化が需給バランスの変化をもたらします**。これが「価格機能」と呼ばれるものです。

 う〜ん、どういうこと?

つまり、**価格は需給調整機能を持つ**のです。
需給を調整するとは、言い換えれば、需給バランスがどちらかに行き過ぎた場合、それに歯止めをかけるということです。

需給バランスに応じて価格が決まる。これが市場原理です。
市場は原則として経済の行き過ぎ、一方的な動きを阻止する機能を持っています。買いが多くなると価格が上がるため買い手に不利になり、買いが減少、逆に売りが増えます。
価格が買いと売りのバランスを変えるのです。いつまでも買いが増え続けるという単一方向の動きが抑制されます。

 なるほど! 価格のバランスを保つため為替が役割を果たす……

いわばシーソーのように、**片方が上がったり下がったりしながら、全体としては平衡を保っている**——と考えればいいでしょう。

為替が上がりっぱなし、下がりっぱなしにならないのは、こういう原則からでもあります。

為替は変動することで経済を安定させている

さて、実はこうした為替相場が本来持っている機能が、各国間の産業活動のバランスを変えていることにお気づきでしょうか。

大げさな話のようだけど……

これは決して大げさな話でもむずかしい話でもありません。

いわば「経済の大原則」のようなものですね。

要するに経済にはいろいろな要素があるけれど、放っておくと"暴走"しかねない。その暴走を為替が食い止めているわけです。

では**外国為替市場で決まる為替相場**は、経済のどんな一方的な動きを食い止めているのでしょうか？

まずは貿易活動です。

国内で良質かつ低コストの製品を製造する能力に長けた国が輸出を増やしていくと、必然的にその国の通貨は高くなります。

日本が、とくにメーカーの高成長に伴って輸出が伸びたために、長期にわたって円高が進んだことでわかる通りです。

ドル建ての輸出代金が膨らめば膨らむほど、そのドルを売って円に換える（円を買う）という取引が増えるわけですから、当然のことなのです。

暴走を食い止めるというより、経済状態を安定させる……

さて、こうした自らの積極的な輸出の増勢によって進行した円高は、今度は逆にメーカーの輸出にブレーキをかけます。その円高がある一定の限度を超えてくれば、輸出が頭打ちになるのは当然です。

国際競争力を失っていくのです。

2008年の「リーマンショック」を見てみよう

その端的な例が、2008年のリーマンショック後の急激な円高劇なのです。

わが国の家電製品、なかでも白物家電と呼ばれる冷蔵庫、電気洗濯機、テレビなどの製品が中国、韓国、台湾の製品に太刀打ちできなくなり、ほとんど壊滅状態に陥ったのです。つまり**「輸出増加⇒円高⇒輸出にブレーキ」といった状況**です。

これはグラフにある通りです。

2006年から、1ドル＝120円だったレートが80円まで一気に円高が進んでいますね。この過程で白物家電の輸出はダメになったのです。

 そういうことだったのか！

さらに遡(さかのぼ)れば、やはりグラフでわかる通り1980年代後半にも一気に円高が進んでいます。

このときには円高進行で、わが国の刃物、タオル、玩具等が急速に輸出競争力を失い、多くの町工場が廃業を余儀なくされたのです。これも、以上と同じ構図です。

変動相場制以後のドル円相場の推移

　これに対し、韓国、台湾などの為替相場は円とは全く逆に動きました。つまり、ドルに対して安くなっていったのです。

　もちろん通貨が安くなれば輸出が伸びます。これは82ページで説明しましたね。次ページのグラフはそのことをよく示しています。
　韓国ウォン、台湾ドルの対ドル相場は過去30年近くの間にドンドン安くなっています。一方、円は全く逆です。

円高VS台湾ドル安、韓国ウォン安と日本産業

各通貨の対米ドルレートにつき、1990年1月＝100で指数化してある

— JPY/USD　　— KRW/USD　……… TWD/USD

上に行くほどドルに対して通貨が安くなっていることを示す

これで日本の家電業界は大きなダメージを受けた

韓国が強くなった経緯を見てみよう

　これは1990年初めを100としたグラフなのですが、現在までに韓国ウォンは60％安く、台湾ドルも20％くらい安くなっています。逆に円は20％高くなっています。
　これだけ為替を巡る事情が違えば、日本の輸出力が落ち、韓国や

台湾の輸出競争力が強くなるのは当たり前だったのです。

これが、韓国などが強くなった原因か！

輸出競争力が強かった日本は、貿易面で黒字を稼いでいました。すると63ページでも説明したように円高になります。**輸出で多額のドルを手に入れ、それを円に換えて国内に持ち込むわけですから。**

一方、その当時は韓国や台湾は日本より輸出については出遅れていました。国内の製造業が未発達だったのです。輸出競争力があるような製品はあまりなく、逆に必要なものは海外から買ってこなければなりません。どうしても、貿易赤字がかさむわけです。

貿易赤字だと、**通貨が安くなるということ**です。
韓国ウォンや台湾ドルが安くなってきたのはこうした背景があったのです。そして韓国ウォンや台湾ドル通貨が安くなれば、輸出が伸びます。ちょうどこの頃、韓国、台湾は洗濯機、冷蔵庫などの白物家電の生産力を高めていたのです。

韓国のウォン安が追い風になった……

要するに「日本は貿易黒字を稼いだため円高」になり「輸出が減少」する一方で「韓国、台湾は貿易赤字なので通貨安」になったことが功を奏して「輸出が増加」となったのです。

為替相場の変動が「日本」と「韓国、台湾」の輸出競争力に変化をもたらし、これらの国の産業構造を変えたのです。日本の電機メーカーは白物家電からは撤退、逆に、韓国、台湾は白物家電への依存度を高めていくことになりました。

3 円は最強通貨か最弱通貨であるかの両極端である

「円」の強さをもう一度おさらいしておきましょう。円は強い通貨ですが、ガクンと下がることもあります。

 ドルに対する円の為替レートを確認する！

世界各国の通貨は互いに強くなったり弱くなったり、というイメージが一般的です。円はドルに対して上がったがユーロ、豪ドルに対しては下がったといったように……これが教科書的な説明。

しかし、実はすでに何度か述べたように「世界が不安なときには円が買われる」のです。ですから、**円は「あらゆる通貨に対して売られる一方」か「円だけが単独で買われる」というように、一方向で動きやすいのです。**

つまり両極端。このことも、現実のダイナミックに動く為替相場を見る上でとても大切な視点なのです。

 極端に上下してるなあ〜

右のグラフは過去10年程度の、主要外貨の円に対する動きを見たもの。各通貨の円に対する為替相場が、どう動いたかわかります。

たとえば、豪ドルの対円相場は2010年1月に36.9％なのですが、これは2009年1月から2010年1月の1年間に、豪ドルは円に対して36.9％も上昇したことを意味しています。

円は最強か最弱か、極端であることが多い

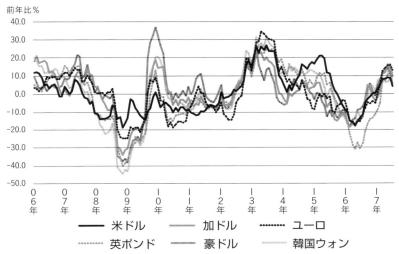

各国通貨に対して円が上げたか、
下げたかを示している

 あ、ホントだ!!

　そうです。それ以外の時期で見ても、**円は最強通貨であるかそれとも最弱通貨であるかのどちらかであること（時期）が多い**のです。2009年、2016年はあらゆる通貨が円に対して下がっています。2011年〜13年も同様です。

　逆に2010年、2013〜14年、そして2017年後半以降は逆に全通貨が円に対して上げているのです。

　つまり円は全面的に安かったのです。

PART4 「為替」は経済構造まで変えてしまう！　187

世界不安が高まると円が買われる！

くどいようですが、ここは大事なところなので繰り返します。

「世界不安が高まると、あらゆる通貨が売られて円が買われる」
「不安が払拭されると円が一方的に売られる」

という原理が世界の為替市場を支配していると言えば、少し大げさでしょうか？
こうした目で見れば、円相場は炭鉱のカナリアのようなもの。

昔、今のような近代的な計器がないときには、坑内の有毒ガスの濃度を測るために、人間よりはるかに感覚が敏感なカナリアを入れたカゴを掘削現場近くに吊り下げておいたといいます。
ちょっとでもガスの濃度が上がればカナリアはコテンと倒れてしまう。それで「ああ、ガスの濃度が高くなってきたので換気が必要だ」と判断したというのです。

 カナリアも可哀想だなあ〜

つまり円が一気に買われたときには「世界全体で不安心理が高まっているな。景気停滞の兆候かな」と連想できるというわけです。

ちょっとこれは日常生活でも使えそうでしょ？

 現在は世界的に景気が良いから円安、とも言える

そんな目で見ると2016年半ば以降からは、多くの通貨の円に対す

世界の不安心理を端的に映し出す円相場

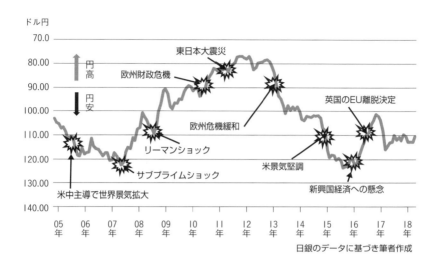

る相場が上昇していますね。

 つまり円は下がっている！

そういうことです。
　ということは、世界的に景気が良いということであり、あるいは中東などの政治的な不安が小康状態であることを示していると、読めるのです。
　実際、この時期には世界的にも、日本でも株価が上昇しました。

 ……にしても日本の景気は良いのかねえ〜

PART4　「為替」は経済構造まで変えてしまう！　189

4 固定相場制と変動相場制

「変動相場制」と「固定相場制」のことは、為替相場を見る上ではとても大事になってきます。

どこの国の通貨でも毎日変動しているわけじゃない

　私たちは、世界すべての通貨が基本的に毎日変動していると思いがちです。円やドル、ユーロやウォンやタイバーツのように。
　しかしこれは正しくありません。

　実は、**自国通貨と他国の通貨の交換比率の決め方には大別して２つある**のです。それが変動相場制と固定相場制です。これも為替相場を見る上ではとても大事なことです。

どんなふうに大事なの？

　通貨の交換レートの決め方の１つは、「異なる通貨の売りと買いの需給バランスに委ねる」というものです。
　これが**変動相場制**です。
　ここまで述べてきた為替相場は、変動相場制を前提にしています。株式や債券、あるいは商品先物取引などと同じような仕組みです。

市場の需給バランスに任せるってことね！

　世界の先進主要各国は、この変動相場制を採用しています。もち

変動相場制と固定相場制

- **変動相場制** — 異なる通貨の売買の需給バランスに委ねる
  - 市場の需給バランスで通貨価値が上下する
- **固定相場制** — 自国通貨の為替相場を固定させる
  - 途上国などではこちらが多い

ろんわが国もそう。毎日、いや毎時間どころか瞬間的に円相場は動いていますね。

　スマホなどでネット情報をピックアップしていると、瞬時にして動くことがわかります。1分の間に円相場がまるきり変わらない、なんてことが珍しいくらいなのですから。

　これに対し、**自国通貨の為替相場を固定させるという制度をとっている国もあります。これが固定相場制**。

　政策的に一定の水準に固定させるのです。

　これは、自由な需給バランスに委ねて為替相場を自由に任せておくと、その変動いかんによっては、国内の経済に対して必要以上のショックを与えるかもしれないとの懸念があるからです。

PART4　「為替」は経済構造まで変えてしまう！

経済が未熟な途上国などでは、こうした固定相場を採用する国が多いのです。

米国と経済的に近いサウジアラビアなどの中東産油国の通貨の多くは、米ドルとの交換比率（為替相場）はほぼ決まっています。香港ドルもほとんど米ドルとの関係は固定されています。

現在世界貿易の7～8割は米ドルで決済されるため、固定為替相場制を採用している国は、おおむね米ドルにリンクする政策を採用しています。

米ドルにリンクさせる政策を、ドルペッグ制と呼びます。

 中東の産油国は固定相場制か……

ペッグとは「杭」という意味です。つまり、「（ドルという）杭につないで動かないように」という意味がこめられています。

日本も50年前までは固定相場制だった

実はわが国だって、戦後から1970年代初めまでは1ドル＝360円という固定為替相場制を採用してきたのです。つまり、繊維、機械、造船といった産業がまだよちよち歩きのときに、円ドル相場を変動制にするわけにはいかなかったのです。

 まだ日本の産業は発展途上だったわけだ！

為替相場が変動するたびに、輸出競争力が変化するわけですから、輸出量も変化します。それに応じて生産調整をこまめに行なう必要

 **「ドルペッグ制」とは？**

**自国通貨をドルとリンクさせ、
為替レートを固定させること**

中国の人民元⇒１ドル＝8.2〜8.3元だった

日本も50年前までは、１ドル＝360円だった

 **発展途上の国では為替レートが変動すると
産業に大きく影響する**

があります。

　しかし、当時のわが国の多くの産業ではそんな柔軟な経営をするだけの体力はありませんでした。

　その点、為替相場を１ドル＝360円と決めておけば、先行きの輸出計画の見直しを迫られることはあまりなかったに違いありません。

　また、お隣の**中国の人民元も、2005年までの10年間は事実上米ドルにペッグしていた**という歴史を持ちます。ほとんど１ドル＝8.2台後半〜8.3人民元程度の水準に固定されていたのです。

PART4　「為替」は経済構造まで変えてしまう！

5 原油価格の動きは為替にどんな影響を及ぼすか？

原油価格の上昇は円安と思われがちです。しかしデータを見れば、むしろ逆のことが多いのです。

 原油価格の動きは、教科書通りにはいかない！

　為替相場を見る上で目を離せないのが原油価格の動きです。といえば次のように考える方がいらっしゃるかもしれない。

「日本って原油などエネルギー源を、最も海外に依存している国なんでしょ」
「ということは、原油価格が上昇すれば、かなり大きな打撃を受けるよね」
「であれば、円が売られて安くなるのが原則なんでしょ」

　こんな声が聞こえてきそうです。
　多くの教科書も次のように言います。

　原油価格の上昇は原油輸入代金を増やす。支払い代金の過半はドルだ。つまり世界全体でドルへの需要が高まる。これはドル高要因。つまり円安になる。
　さらに、日本は大量に原油を輸入しているため、原油価格の上昇に伴う貿易収支の悪化度は他の国よりも大きい。貿易収支の悪化とはドルの支払いの増加なんだから円安になる。つまり、以上を総合すれば円はやはり原油高には弱いんだ。

WTI原油価格とドル円相場の推移

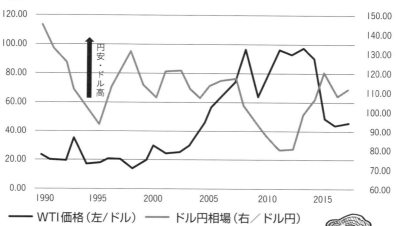

原油価格が上がると円安になる──
というわけではない

こんな具合です。しかし現実はさて、どうでしょうか？

こんなとき、理屈はともかく、**できるだけ早い時期に**データを見ればいい。これが私の基本的な考えです。上の図表がそれを示したものです。さあどうでしょうか？

 とにかく、データを見ればいいわけね！

PART4 「為替」は経済構造まで変えてしまう！　195

残念ながら以上の説明とは逆になっています。

　原油の国際的な価格動向に大きく影響するのは、WTI（ウェスト・テキサス・インターミディエイト）と言って、アメリカのテキサス州とニューメキシコ州を中心に産出される原油です。
　グラフはその動きです。

　たとえば1997年からの10年間は、ほぼ原油価格は上がりっぱなし。でもこの間は円高が進んでいます。逆に2012年頃から2016年にかけ原油価格が急激に下がっているなかで円相場は下げています。
　前述の理屈では説明できないのです。
　では、どう説明すればいいのでしょう。

 原油高のときにはドルが安い

　最大の理由は、ずばり「原油高のときにはドルが安い」からです。
原油の動向が米ドル相場に影響し、それによって円相場が動くというメカニズムの力が強いのです。 つまり、原油とドル相場との間の関係がとても深いことに注目するのがポイントなのです。

　さてそれにはどんなふか～い理由（わけ）があるのでしょうか。主な理由は、2つあります。

 どんな理由ですか？

　1つは、**米国は今日でも世界最大級の原油消費国**です。
　あれだけシェールガス、シェールオイルの生産量が増え続けているとは言え、原油はまだまだ大量に輸入しているのです。何しろ極端な車社会ですからね。

原油高のときにドルが安くなる理由

原油高⇒ドル安になる⇒円高

① 米国は世界最大級の原油消費国だから、原油が上がれば打撃を受ける

② ドル安が原因となって原油高をもたらすことも多い（☞次ページ）

　さらには、米国はエネルギー消費効率がとても悪いことで有名です。世界では中国についでエネルギー効率が悪いのです。アメ車をイメージすればわかりますね。

 アメリカはエネルギーをバンバン使うからなあ〜

　しかし日本は、ドイツと並んで世界で最もエネルギー効率がいい国です。これが原油高⇒ドル安⇒円高の理由のひとつです。

 原油価格の影響も無視できないな……

　2つ目は逆の関係です。
　ドル安が原因となって原油高をもたらす、というメカニズムが働くのです。ドルが安くなれば円、ユーロから見ればドル建ての原油価格が安くなります。

1バーレル（159リットル）＝50ドルで変わらなかったとしましょう。1ドル＝200円から100円へとドル安になればどうなるか。

　日本から見れば、1バーレル＝50ドル（＝1万円）から50ドル（＝5000円）になる。「安くなったので購入量を増やそう」となるのが普通です。
　この場合は**需給バランスの原則**が働いて、原油価格が上がるのです。つまりドル安のときには原油高になりがちなのです。

「原油高のときにはドル安・円高」ということは、実は私たち消費者にとってはラッキー、とも言えるのです。
　なぜでしょうか？

 ん？　なぜだろう

　原油高のときには円高ですから、円建てで見た原油価格はそれほど上がらないのです。

 単純にガソリンの値段が上がるわけじゃないんだな！

　円高になると輸入品価格が下がることはすでに説明しましたね。

 ## 円高と原油価格上昇のフクザツな関係

　こんなふうに、

基礎知識①（円高で輸入品価格下落）
基礎知識②（原油価格上昇はドル安・円高をもたらす）

198

ドル安が原油高につながる仕組み

1バーレル＝50ドル

このとき1ドル200円から100円になれば……

日本から見れば1バーレル＝50ドル＝1万円が 1バーレル＝50ドル＝5000円に！

購入量を増やす

需給バランスから原油価格が上がる

を組み合わせると、**原油価格上昇⇒ドル安・円高⇒円建てでの原油価格はさほど上がらない**、と直感できるようになります。

　こうして、原油価格の変動は直接日本経済に影響を与えるのではなく、為替相場の変動というクッションを挟んで、幾分その影響が緩和されるんだな、とわかるのです。

 何だか複雑だけど、何となくはわかる！

6 為替売買の9割以上が投資、投機によるものである

世界の為替取引の大半は、投資、投機の動きです。場合によっては投機筋が経済危機を引き起こすこともあります。

貿易などでの為替取引は、ごくわずか！

世界中では、日に6兆ドルを優に超える為替取引がほぼ24時間にわたって行なわれています。しかしそのうち、**貿易取引など経済実体の裏付けを伴う売買はせいぜい数％にすぎません。**

残り95％以上は実は、貿易取引以外によるものです。

つまり、国境を超えた債券、株式等の証券売買、さらには単に通貨の売買だけという投資、投機目的の取引がほとんどなのです。機関投資家もそうですし、FXなどで為替差益を狙う個人もそうです。

なぜ投資、投機のほうが圧倒的に売買高が大きいのでしょうか。

為替レートの変動差益で儲けようという人たちだね

これは**貿易取引と投資に絡んだ取引とでは、その取引のありようが決定的に異なる**からです。

どこがどう異なるか、ざっと見ておきましょう。

投資や投機の為替取引には「実体」がない

貿易取引に伴う通貨の交換（売買）は、品物の授受の範囲に留ま

為替売買の大半は投資・投機

貿易取引など「経済実体」の裏付けがあるものは数％！

↓

残りの95％以上の取引は？
①国境を越えた債券・株式などの売買
②単に通貨の売買だけで投資・投機

FX、機関投資家などは通貨の売買で為替差益を狙う

〈例〉朝9時に1ドル＝113円12銭で買い、
9時5分に113円16銭で売る

ります。1億ドル相当の輸出入に必要なドルは1億ドルです。海外旅行のための通貨交換にも、限界があります。実際に必要とする外貨を交換するだけです。

これに対して、為替相場が変動していることを利用して、「安く買い高く売ることで儲ける」ことを狙う投資、あるいは純粋な投機目的で行われる通貨売買には限りがありません。

なにしろ具体的な経済取引の裏付けがないのです。

 無制限に為替取引が続くこともある……

極端に言えば、朝9時に「1ドル＝113円12銭」で買って、9時5分に「113円16銭」で売る——といった小刻みな取引を繰り返していくことにより、短期的に値ザヤ（値上がり益）を狙う、という取引が自在にできるわけです。

これだと取引高は無限に増えていきます。
　実際、この種の短期的な取引が市場全体から見ると極めて高いシェアを占めているのが為替市場の実態なのです。

投機筋が大きく動くと「通貨危機」も起こる

　通貨危機という言葉を聞いたことは、ありませんか。
　国の政治経済の不安をきっかけに、海外から投資された資金がいっぺんに引き揚げられたり、海外企業が撤退することで、その国の通貨が売られる現象です。

　ここで止まっていればまだいいのですが、**この動きを察知してヘッジファンドなどが集まってきます**。ヘッジファンドについては104ページでも説明しました。典型的な「投機筋」です。

アジア経済危機のことを振り返ってみる

　少し古い話ですが1997年、タイの通貨である「バーツ」が急落しました。当時、東南アジアの国々は、ほとんど対ドルでの固定相場制をとっていました。
　192ページでも触れた「ドルペッグ制」です。タイのバーツも、対ドルは固定相場制、それ以外の通貨とは対ドルレートを基準にする「クロス・レート」による変動相場制でした。
　クロス・レートについては158ページでも触れましたね。

 ドルを基準に決める方法ですね

　日本は当時、東南アジアへの投資を積極的に進めていました。タイから日本への輸出も多く、円高・バーツ安で、タイも好景気が続

タイバーツ暴落とヘッジファンド

1990年代
（タイバーツは固定相場制）

円高・ドル安・タイバーツ安

日本への輸出も多く、タイは好景気！

米国の高金利政策で、円安・ドル高に！
円安・バーツ高でタイの景気は悪化

ヘッジファンドなどがバーツを大量に売り、
バーツは大暴落！

1997年

タイ、変動相場制に。さらにバーツ暴落！

ヘッジファンドらの投機筋は
バーツを買い戻し、大きく儲けた

東南アジア各国があおりを受け、
「アジア通貨危機」に陥った

いていたのです。

　この時期米国では、高金利政策により、さらに海外から資金を呼び込もうとしたため、1995年4月に「1ドル＝79円」だった為替レートは、1997年には120円台にまで、円安・ドル高が進んだのです。

ヘッジファンドが大きく絡んだ⁉

タイバーツもドルに連動しているわけですから、「円安・バーツ高」になりますね。その結果タイの輸出競争力は低下し、貿易赤字も増え、タイのGDPも急落していきました。

 タイの経済が悪くなっているのにバーツ高では大変では？

ここで、ヘッジファンドなどの投機筋が一気にバーツを売り始めました。**タイの実際の景気に比べ、タイバーツの相場は高すぎると読んだのです。**

タイの政府はこのヘッジファンドの売りに立ち向かうだけの体力はなく、1997年7月に米ドルとの固定性を放棄して変動相場制にしたため、さらにバーツは暴落していきました。

暴落したところで投機筋は買い戻し、大いに儲かったとも言われています。このときは、東南アジア各国が"あおり"を受け、アジア経済そのものが危機に陥りました。

このことは、少し極端なケースかもしれません。実際いまのヘッジファンドは、ここまでダイナミックなことはしません。

ただこの本の最後で、為替の変動は私たちの生活や企業活動に大きく影響していることと同時に、**一歩間違うと一国の存在を揺るがす力も持っている**――と言いたかったのです。

為替は、経済構造を根底から変えてしまうだけのパワーがある重要なものなのです。

「為替」が教えてくれたこと················ あとがきに代えて

　多分、この本は〝世界で最も〟という形容詞を付けてもいいくらい噛み砕いた、為替の入門書だと思います。書いた本人が言うのもナンですが、改めて幾度か読み返してみてそう思います。

■為替が動くとどうなるか、という「因果関係」に重点を！

　為替の入門書の多くは、外国為替そのものあるいは市場の取引の仕組みの説明が中心です。本書でも円高、円安の基本的な考え方や市場の仕組みなどは、図解を多く使いながら説明してあります。
　わが国の経済は為替からとても大きな影響を受けていることも、ひと通りご理解いただけたと思います。

　しかし、**本書ではむしろ、「為替が動くとどうなるか」「何が為替に影響を与えるのか」……という、為替を巡る因果関係を語ることに重心を置きました。**
　私はそれをダイナミズムと呼びます。動的な関係ですね。動くものと動くものとの関係を、わかりやすくお話ししたつもりです。
　現実の動きも、おおむねその因果関係に沿って動いています。それを知ってもらうためにグラフを多用したことも、本書の特徴です。

「あ、確かにこの本に書いてあるリクツは現実にも観察できるよね」
——という気持ちを読者の方々と共有したかったのです。

■どんなデータを見ればいいかを意識する

円高になれば確かに日本株は下がっているし、円安になれば日本の物価は上がる。日米の金利差が縮まればドル安・円高になる。こんなことは、絶対にデータの裏付けをとって理解すべきです。

もうひとつ意識したことは、**実際の為替相場の動きは何を見ればわかるのかを詳しく述べた**ことです。だって、為替相場、為替取引の仕組みがわかっても、日々の為替の動きを観察できなければ、役に立たない。古典的には日経新聞ですが、今ではネットでそれよりも遥かに充実したデータがあちこちにあります。

これについてもていねいにご紹介、その利用法についても記しておきました。

■私の仕事の「原点」は……

私がこれまでに書いたどの本でも意識してきたことは、以上の3つの点でした。

「関係性を通して物事を説明する」
「リクツだけでなく必ずその裏付けとなるデータを示す」
「学んだことが現実の新聞、雑誌あるいはネット情報など、どこで確認できるかを明示する」

多分これは、コレまでに私が歩んできた経験によるところが大きいと思います。

皆さんのお役に立てるかもしれないので、ご披露しておきます。

昭和50年8月。これが私の仕事の原点です。「公社債弘報社」なる専門新聞社に職を得たのです。

他人から見れば多分、とても無謀な選択だった。何しろ当時26歳になっていた私は、経済の知識はほぼゼロだったのですから。にもかかわらず、経済・金融の分野でも地味で、債券なんて専門的なテーマを扱う専門新聞の記者になったのです。

案の定、初期の頃は失敗の連続。今でも痛切に思い出すのが野村證券の担当課長から、「君、私の言っていることがあまりわかっていないようだから時間の無駄。もうちょっと勉強してから来てね」って言われたこと。

顔から火が出るくらい恥ずかしかった。無力感に襲われた。

それで発奮したんですね。どうしたか。毎日、日経新聞の金融、債券、為替記事を1時間は音読し続けたのです。もちろん、わからないところは金融・証券関係の辞書を引く。今のようにGoogleやYahoo！がない時代です。

この集中的な勉強を通してわかったことが3つありました。

■インプットよりアウトプット！

1つは「インプットよりアウトプットが先」っていうこと。

インプットしたからアウトプットできるのではなく、アウトプットしようという意欲があるからインプットできるということでした。

新聞に、「米国の機関投資家による日本国債の購入が増えたので、国債利回りは低下」とある。そこで、「この機関投資家って具体

にはどこなのか？　短期でのキャピタルゲイン（値上がり益）狙いなのか？　この動きが他の機関投資家の動きに影響を与えないか？

　明日、山一證券のUさんに聞こう」──となるのです。

　それまでは「読むとは、向こうから情報が飛び込んでくる」という一方的な流れとしか意識していませんでした。それが改めてわかった。しかし仕事で記事を読むことは全く違いました。

　取材先の人に質問するために、あるいは仮説をぶつけてみるために……つまりは表現するネタを仕入れるために読む、という読み方が要求されるんだってことが、徐々にわかっていきました。

　取材⇒原稿書きという仕事でのアウトプットとは、決して原稿用紙に向かって文字を書き連ねていくことだけではないんですね。**取材に際して質問すること。これもアウトプット**です。

　先に記した野村證券の課長氏が言う「ちゃんと質問できないんだったら」とは「大事なポイントを突いた質問というアウトプットができなければ」という意味なのです。

■常に「因果関係（つながり）」で経済を見る

　2つ目に、記事では因果関係をていねいに記していくこと。

　日本の国債利回りが下がったり、シリア情勢が緊迫の度を増すなど世界で不安心理が高まれば、円高になる。あるいは円高になればトヨタ自動車の収益は減り、日本株も下がり、景気が停滞する。

　さらには円高でガソリン価格は下がるし、海外旅行はちょっぴり楽になる。しかし一方では「円高で海外からの訪日観光客が減るかも知れない」⇒「これは日本の輸出減少⇒GDPの低下」という予想へもつながってくる。こんなふうに発想するのです。

経済のダイナミズムがわかってくると、こんなふうにいろんな経済の動きが次から次へとつながってきます。こうした発想を記事に取り入れる。

　それには、**理屈を裏付けるデータがあるなら、必ずそのデータを示す**ということでした。そのためには現実のデータを観察しなければなりません。これが３つ目にわかったこと。

　金利が上がって円高になり、日本株が下がった。この場合、「では実際どの程度金利が上がり、どの程度円高になり、それで株はどれだけ下がったのか」をデータとして知りたくなります。そのために、基本的なマーケットデータと景気指標を書き込むノートを作っていた（今はパソコンで簡単に収集できますが）。

　どうも私は、データを実際に見なければリアリティーを感じられないのです。リアリティーのない「リクツ」だけで、私は世の中を認識したくなかった。

■マッキントッシュ（Mac）に助けられた

　当時、こうした私の仕事を助けてくれた最大の恩人は「マッキントッシュ（Mac）」でした。これで、時系列の経済データの相関をグラフに描いた上で簡単に検証することができるようになりました。それ以降は、各種の経済・金融データをMacに取り入れ、それこそいろんなグラフを描いてきました。

　Macはほとんど取扱説明書を読まなくても直感で操作できた。これは僕のようなものにとってはありがたかった。データを何とか操作できるようになって、仕事の幅がずいぶん広がりました。

　今でも新聞、雑誌、ネットサイトの様々な報道、解説を見るときの私の基本的なスタンスはあまり変わりません。

あとがきに代えて　「為替」が教えてくれたこと　　209

「これをデータで確認できないか」
「この事実はどのような連想を可能にするか」

　の2つです。——まさにこのあとがきの冒頭で述べた、「本書の2つの特徴」に重なってきます。

■チェロとヴァイオリンの時間のなかで

　こんなことを言っていると「朝から晩までデータばかり見ているんだな」と思われかねませんね。しかし、現実は全く違います。

　平均して**日に1時間半は、ヴァイオリンとチェロを弾いています。**どれほど忙しいときでも——です。これは私にとっては最も楽しい時間です。あるアマチュアオーケストラに所属していますし、年に3〜4度はあちこちのオーケストラの定期演奏会への出張（エキストラ）へ出かけます。

　あるいは、**どれだけ仕事が混んできても、夜寝る前の1杯（と言いたいが実際には3杯くらい）は欠かさない。**そしてそのときにはたいていアマゾンプライムで「寅さん」か「釣りバカ日誌」か「健さん映画」、あるいはYouTubeで昔の「吉本新喜劇」を観ている。これも至福の時間。
　そのうちに眠くなって、コトリとベッドに入る。この半酔っぱらいの時間に仕事上のアイデアが生まれることが少なくないのです。

＊

　最近になって、再びベストセラーになった『思考の整理学』（外山滋比古＝ちくま文庫）に、こんなことが書いてありました。

「田舎の勉強、京の昼寝、というが、時間のありあまるほどある人が、没頭して時の移るのを忘れる勉強をしても、それほど、うまく行かない。むしろ、休み休みの方が進むものは進む」（118 p）。

　こんなのを読むと「ほら、そうだろう。僕のやり方は間違っていないよね」と思うのです。典型的な我田引水ですね。でもそれでいいと思う。そう……、**我田引水で自分の存在を認めることって、とても大事**だな、と思うのです。

　無駄話をしてしまいました。

　ともあれ、本書に接することで、「為替というものが今の経済社会でとても重要な役割を果たしていて、為替を視野に入れると経済の動きの全体像が、今までよりもずっとクリアーに理解できるんだなあ」──そう実感していただければ、とても嬉しく思います。

　最後になりましたが、この本はたくさんの人の力で出来上がりました。なかでも編集の片山一行さんとは、むずかしくなりがちな「為替」「経済」……というテーマをわかりやすくするため、何度も打ち合わせを重ねました。
　心からお礼申し上げます。

2018年 6 月　　　　　　　　　　　　　　　　　　　　著者

索引&用語解説

- この巻末付録は、用語索引と用語解説を兼ねています。
- 用語解説は主として、為替と深く関連する経済や金融の用語について簡単に説明したものです。
- ページ数のない用語解説は、本文中で触れていない為替、経済、金融の用語です。

ABC

BOE ……………………………… 106
　Bank Of Englandの略。イングランド銀行のこと。

BRICs ……………………………… 111
　Brazil,Russia,India,and Chinaの略。末尾の小文字sは複数の国であることをあらわす。同じく経済発展の著しい新興国である南アフリカ（South Africa）を加えた場合は、sを大文字としてBRICSと表記する。

ECB ……………………………… 106
　European Central Bankの略。欧州中央銀行のこと。現在、ヨーロッパ市場の主要国はユーロという共通通貨を使うなど、一種の経済連合体が出来上がっている。このユーロ通貨圏の物価安定を通じて経済の発展をはかるために、統一的な金融政策を行なう必要がある。その任に当たっているのがECB。

EU離脱（英国） ……………………… 121

Foreign Exchange ……………… 56

FRB ……………………………… 106
　Federal Reserve Boardの略。米連邦準備制度理事会のこと。米国の中央銀行。議長以下7人の理事で構成されている。米FRBは日本銀行などとは異なり、物価の安定だけではなく、雇用の安定という政策目標を同時に遂行

索引&用語解説

する義務が課せられている。米国のマスコミ界では、労働情勢については米労働省よりもFRBに取材したほうがいい、とさえ言われる。

FX ……………………………… 54,56
Foreign eXchangeの略。外国為替証拠金取引のこと。

G20
Group of 20の略。主要7カ国で構成されるG7の他に世界経済に一定以上の影響を持つ新興国等11カ国それにEU、ロシアを加えた国、地域からなるグループ。このG20に世界銀行、IMFを加えたメンバーで定期的に開かれるのが財務大臣、中央銀行総裁会議。会議では世界の通貨、為替さらには経済金融政策について、各国の状況の調査報告が公表される他、必要に応じて基本的な政策の方向性についての調整が行なわれる。

GPIF ……………………………… 7
Government Pension Investment Fundの略。年金積立金管理運用独立行政法人のこと。

hedge ……………………………… 104

IMF
International Monetary Fundの略。国際通貨基金。1944年に発足した国際的な組織。主な目的は自由貿易による世界経済の円滑な発展を促すために為替相場の意図的な操作を監視することに加え、国際収支が著しく悪化して経済の悪化が無視できないと判断されたときに融資を行なうことなど。

MRF ……………………………… 40
Money Reserve Fundの略。公社債投資信託の一種。

Telegraphic Transfer Buying rate … 142
Telegraphic Transfer Middle rate … 142

Telegraphic Transfer Selling rate … 142
TTB ……………………………… 142
TTM ……………………………… 142
TTS ……………………………… 142
WTI ……………………………… 196
West Texas Intermediateの略。West Texasとあるが、米国テキサス州西部のほか、ニューメキシコ州南東部で産出する。高品質の原油で取引高も大きいことから、その価格は国際的な原油価格の指標になっている。

YAHOO! JAPAN ………………… 162
YAHOO! ファイナンス …………… 160

あ

アジア通貨危機 ……………………… 203
アベノミクス ……………………… 82,171
アムステルダム市場 ………………… 128
安全資産 ……………………………… 116
一次産品 ……………………………… 75
一段高 ………………………………… 67
イニシアティブ(経済と為替) ……… 11
インカムゲイン
金融商品での資金運用で、定期的に利息の支払いが行なわれる場合、その利息収入をインカムゲインという。預貯金の利子、利息、債券の利子などがその代表。

イングランド銀行 …………………… 106
インターバンク・レート ……… 131,140
インターバンク市場 ………………… 131
インドルピー ……………………… 40
インバウンド消費 …………………… 5
インフレ
インフレーションの略。モノやサービスの価格が持続的に上昇すること。お

金の実質的な価値は下落する。反対に
モノの価格が持続的に下落していく現
象が「デフレ（デフレーション）」。為
替との関係で言うと、円安は国内物価
に対してはインフレを、円高はデフレ
を促すのが基本。

インフレ懸念……………………… 8
インフレ率………………………… 75
売り………………………………… 51
売相場……………………………… 142
英ポンド…………………………… 30
英ポンド円相場…………………… 126
円売り・外貨買い………………… 108
円売り・ドル買い………………… 109
円が売られる……………………… 188
円が買われる………… 51,122,188
円が買われる（世界経済）…………… 116
円キャリー取引…………………… 110
　低金利の円を借りそのお金をより高い
　金利の国、あるいは成長著しい新興国
　などの株式で運用するという一連のマ
　ネーの流れ。広い意味では、日本国内
　の個人、機関投資家などが国内の低金
　利を避けて、相対的に高い金利を求め
　て外債、外貨預金などを利用すること
　もこれに含まれる。
円キャリーの巻き戻し…………… 112
円相場……………………………… 4
円高…………………………… 4,42
　──企業に与える影響…………… 44
円高・バーツ安…………………… 203
円高が一服………………………… 70
円高で景気悪化…………………… 12
円高デフレ……………… 76,91,92
円建て……………………………… 76
円建て（輸入）…………………… 90
円建ての金融商品………………… 79
円の名目実効為替レート指数……… 170
円安………………………… 42,82

円安──企業に与える影響………… 44
円安インフレ……………………… 89
円安が進む………………………… 75
オイルマネー
　中東など産油国が主に原油、天然ガス
　などの輸出によって得た資産のこと。
　世界的に見ても、その金額は巨額にの
　ぼり、株式、債券、並びに商品先物市
　場において巨額の投資、あるいは投機
　を行なうことで、世界の株式、債券、
　商品、さらには為替相場にも強い影響
　力を持つ。
欧州中央銀行……………………… 106
オファード・レート……………… 134
オプション………………………… 97
終値（おわりね）……………… 132,134

か

買い………………………………… 51
外貨売り・円買い……………… 71,108
外貨準備高……………… 108,155
外貨商品…………………………… 56
外貨高……………………………… 54
外貨安……………………………… 54
外貨預金…………………………… 53
　米ドル、ユーロ、豪ドル、英ポンドな
　どの外国の通貨で預けられる預金のこ
　と。基本的な仕組みは国内円預金と同
　じで、外貨を基準に考えれば元本と利
　率が保証されている。円を基準にした
　場合の外貨預金の損益を決定する要素
　は「預金預け入れ時のTTS」「外貨預
　金利率」「払い戻し時のTTB」の３つ
　である。
外貨を持つ………………………… 52
外国為替…………………………… 30

索引＆用語解説

外国為替——仕組み…………………… 36
外国為替資金特別会計…………… 108
外国為替市場…………… 40,128,130
外国為替証拠金取引（FX）……… 55,56
外国為替取引…………………………… 36
外国為替平衡操作………………… 106
外国人観光客………………………… 9
外国人投資家………………………… 71
買相場……………………………… 142
外為市場（コラム）………………… 136
替銭…………………………………… 30
替米…………………………………… 30
価格機能…………………………… 180
価格競争力……………………… 84,86
家計……………………………… 117,178
過剰生産物………………………… 61
風が吹けば桶屋が儲かる（経済）…… 13
カナダドル………………………… 53
株価…………………………………… 6
　——円高になると……………… 6,70
　——為替が与える影響………… 94
　——為替相場との関係………… 98
　——為替に与える影響………… 70
株式投資…………………………… 50
カワシ……………………………… 30
為替………………………………… 3,30
　——株価が与える影響………… 70
　——株価に与える影響………… 94
　——機関投資家が与える影響…… 102
　——起源………………………… 26
　——金利が与える影響………… 64,78
　——景気が与える影響………… 60
　——政府が与える影響………… 106
　——物価が与える影響………… 68
　——物価に与える影響………… 74
　——ヘッジファンドが与える影響 104
　——輸出に与える影響………… 82
　——輸入に与える影響………… 90
為替差益…………………………… 53

為替差損…………………………… 53
為替先物…………………………… 97
為替先物取引（銀行間）………… 150
為替相場…………………………… 3
　——株価との関係……………… 98
為替ディーラー…………………… 102
為替の売り買い…………………… 54
為替予約
　外国為替市場で行なわれる先物取引。つまり、将来のある一定時点で、ある通貨を売り、他の通貨を買うという取り決めをあらかじめ行なっておくこと。為替先物予約あるいは、単に先物予約ともいう。為替リスクを回避するために用いられるほか、積極的な投機のために用いられることもある。

為替レート……………………… 3,41
為替レート（個人）……………… 140
為替レート（法人顧客）………… 140
韓国ウォン…………………… 183,185
機関投資家………………………… 65
　大量の有価証券等を保有し、また売買を行なう法人、団体を総称する言葉。厳密な定義があるわけではない。わが国で言えば公的年金を運用するGPIF（年金積立金管理運用独立行政法人）、生命保険会社、損害保険会社、信託銀行、年金基金、投信会社などを指す。もちろん有価証券の売買だけではなく、為替市場でも、ときには大量の通貨を売買することがある。とくに外国為替相場に影響を与えるのが、米国など海外の年金資金や産油国のオイルマネーである。
　——為替に与える影響………… 102
企業……………………………… 117
　——円高になると……………… 44
　——円安になると……………… 45
基軸通貨…………………… 44,154

規制緩和·························· 125
キャピタルゲイン／ロス
　相場商品などを取得価格以外の価格で
　売却する場合に発生する売買益並びに
　損失。株式や債券あるいは金や不動産
　等の売り買いに伴って発生する値上が
　り益、値下がり損のこと。
ギリシャ財政危機··················· 121
金（きん）······················· 52
銀行······················· 32,102
銀行間先物相場····················· 127
銀行間直物／銀行間直物相場········· 127
銀行間相場························· 127
銀行間レート······················ 140
金融商品····················· 60,66
金融政策························· 108
金利····························· 60
　──為替が与える影響············· 78
　──為替に与える影響············· 64
金利（景気）······················· 62
金利差·························· 67
金利変動························· 64
クロス・レート················· 159,202
景気··························· 60
　──円高になると················· 62
　──為替に与える影響············· 60
景気拡大（金利）···················· 62
経済活動························ 124
経済のグローバル化··················· 124
経常赤字························· 99
決済通貨························· 43
気配値（けはいね）···················· 132
現金··························· 40
現金売相場······················ 144
現金買相場······················ 144
源泉徴収税························ 54
現地生産························· 86
原油価格························ 194
　──為替に与える影響············· 194

原油高·························· 194
交換··························· 51
交換比率························ 28,37
豪ドル·························· 30,53
購買力平価／購買力平価説·········· 68
　2国間の為替相場はそれぞれの国の通
　貨の購買力によって決定されるという
　考え方。日本でビッグマックが360円、
　同じものが米国で３ドルであれば、
　360円と３ドルで同じものが買えるわ
　けだから、３ドル＝360円、すなわち
　１ドル＝120円が合理的な為替相場で
　あるというのがその主旨。ここで米国
　のビッグマックの価格だけが４ドルに
　上昇すれば、１ドル＝90円となる。こ
　の考え方によれば、インフレ率が高い
　通貨が下落する。中長期的な為替相場
　を説明するに際して有効な考え方であ
　るとされる。
顧客向け為替取引····················· 140
国際競争力························ 182
国際分散投資······················ 103
国内金利························· 78
　──円安になると················· 78
個人消費························ 62,99
固定相場························· 190
固定相場制························ 190
小判··························· 39

さ

債券·························· 64
財政赤字························ 116
財務省························· 108
財務大臣························ 109
差益··························· 53
先物··························· 127

索引&用語解説

先物為替相場……………………… 146
先物為替取引……………………… 146
先物相場…………………… 126,152
先物取引…………… 97,104,146
先物レート………………………… 150
産業の空洞化……………………… 87
シェールガス／シェールオイル…… 196
直物（じきもの）………………… 127
直物円相場………………………… 131
直物レート………………… 150,153
資金調達…………………………… 80
市場介入…………………………… 106
実効為替…………………………… 166
実効為替レート…………………… 167
実効為替レート指数……………… 168
実質金利
　物価上昇率を基準にして算出される金
　利のこと。たとえば、ローン金利が３％
　でも物価上昇率が５％であれば、資金
　を借り入れて物を買ったり設備投資し
　たほうが有利になる。借りたお金で物
　を買えば１年後には５％値上がりす
　る。しかし、ローンの利息として支払
　わなければならないのは３％分だけ。
　これだとその差の２％分儲かる。この
　とき、実質的な借入金利はマイナス
　２％。つまり実質金利はマイナス
　２％。これに対し３％という借入金利
　は名目金利と呼ばれる。
支払手段…………………………… 38
支払準備手段……………………… 40
社債………………………… 64,66
上海市場＝中国人民元…………… 139
需給調整機能……………………… 180
需給バランス……………… 37,190
主要通貨の対円レート…………… 137
主要通貨の対ドルレート………… 137
証券会社…………………………… 102
証拠金（FX）……………………… 56

消費者物価………………………… 74
シリング…………………………… 28
白物家電…………………… 182,185
シンガポール市場………………… 128
信用取引…………………………… 104
スタビライザー（国際貿易）………… 180
スポット・レート…………… 134,150
政策金利…………………… 11,64
生産拠点…………………………… 86
政府………………………………… 106
──為替に与える影響…………… 106
政府部門…………………………… 117
世界経済…………………………… 116
ゼロ金利…………………………… 54
ゼロ金利政策……………………… 112
銭（せん）………………………… 27
前日比……………………………… 135
相場………………………………… 4

た

第一次オイルショック／第二次オイル
　ショック…………………………… 125
対外純資産………………………… 118
対顧客先物／対顧客先物相場……… 127
対顧客直物／対顧客直物相場……… 127
対顧客相場………………… 127,140
対顧客電売相場…………………… 142
対顧客電信買相場………………… 142
対顧客向け為替相場……………… 141
対顧客レート……………… 140,152
対日赤字…………………………… 98
タイバーツ………………… 47,190,204
対ユーロ…………………………… 136
台湾ドル…………………… 183,185
高値………………………………… 132
中央銀行…………………………… 106

6

中国人民元·······················138,193
中心値······························ 132
丁銀······························· 39
通貨インデックス·················· 171
通貨危機·························· 202
通貨交換·························· 26
通貨の売り買い(通貨を売買する) 38,48
ディーラー·························· 30
定期預金·························· 40
手数料···························· 142
手数料(TTB)······················ 144
手数料(TTS)······················ 144
デフレ····························· 76
デフレ経済························· 93
ドイツマルク······················· 27
投機(為替取引)···················· 201
投機筋··························105,202
東京外国為替市場·················· 130
東京株式市場······················ 94
東京市場·························· 131
投資(為替取引)···················· 200
投資銀行······················53,112
投資信託·························· 66
投資信託会社······················ 102
富の移転·························· 176
取引相場(銀行間)·················· 152
ドル円相場························· 132
ドル売りのユーロ買い·············· 55
ドル買い·························· 51
ドル買い・円売り介入·············· 107
ドルが売られる···················· 51
ドル高(株価)······················ 100
ドル建て·························· 75
ドル建て(輸入)····················· 90
ドル建ての金融商品················ 78
ドルペッグ制·····················192,202
ドル安···························· 8

な

内国為替·························· 31,34
内需関連株························· 96
仲値····························· 142
日銀／日本銀行·················106,170
日経225銘柄······················ 6
日経新聞／日本経済新聞············
　126,127,132,171
ニューヨーク市場·················· 94,128
値ザヤ···························· 201
年金基金·························· 102
年金積立金管理運用独立行政法人····· 7
年金ファンド······················ 105

は

バーレーン市場···················· 128
バーレル·························· 198
バイイング・レート················· 143
バランサー(国際貿易)··············· 180
パリ市場·························· 128
阪神・淡路大震災·················· 121
反対売買·························· 105
東日本大震災······················ 119
ビッド・レート····················· 134
フォワード・レート················· 150
双子の赤字
　財政赤字と貿易赤字の2つを双子の赤
　字と呼ぶことがある。景気刺激策とし
　て、国債を大量に発行して得た資金を
　公共工事等で支出するというのが財政
　出動。このとき財政収支は大幅な赤字
　になる。このときの公共工事に絡み、

索引&用語解説

輸入が増えることになるが、これによって貿易赤字が拡大する。これが双子の赤字。米国は古くから双子の赤字状態だが、これは景気浮揚のために国債を大量発行することに加え、米国国民は総じて「借金をしてでも豊かな消費生活を送りたい」と、活発な消費をするため輸入が増える、という事情がある。

物価……………………………… 68
　──円高になると……………… 8,74
　──円安になると……………… 74
　──為替が与える影響………… 74
　──為替に与える影響………… 68
物々交換………………………… 26
普通預金………………………… 40
プラザ合意……………………… 93
ブラジルレアル………………… 43
ブローカー
　売り買いの仲介人のこと。つまり、同じものを一方で買い付け、それを他者に売り付けることでその差額を得ることを仕事とする者。経済の本質は売り買い、つまり交換にある。しかし誰が何を買いたいか、何を売りたがっているかを知ることは困難。そこで、これを知るものが買い手と売り手の間に立つことで取引が円滑に行く。銀行はお金のブローカー、八百屋は野菜のブローカー、Yahoo! などのプラットフォーム提供型のIT企業は情報のブローカーである。

米ドル……………………… 41,53
米ドル円相場……………………… 126
米ドル建てMMF ………………… 126
　MMFはMoney Market Fundの略。公社債投資信託の一種だが、元本割れのリスクが極めて低いのが特徴。日本では、日銀のマイナス金利政策のため運用難となり、2018年現在、運用されていない。
ヘッジ……………………… 104,148
ヘッジファンド…………… 104,202
　投資についての制限を極力排除し、高度な金融技術を駆使して高収益を求める運用スタイルをとるファンド。債券、株式、通貨などの相場の変動にかかわりなく常にプラスの収益が得られることを狙いとするのが一般的。とくに欧米のヘッジファンドはグローバルレベルで活発に動いており、各国の債券、株式、通貨相場に大きな影響力を持つ。
　──為替に与える影響………… 104
変動相場制……………… 33,190,204
貿易赤字………………………… 99
貿易黒字………………………… 99
貿易収支………………………… 62
貿易取引(為替取引)…………… 200
貿易不均衡……………………… 93
方向感…………………………… 135
保険会社………………………… 102
香港市場………………………… 128
香港ドル………………………… 192

ま

マーケット総合………………… 133
マネーサプライ
　海外では「マネーストック」と呼ぶのが主流で、日銀も2008年にマネーサプライから呼称を変更した。民間(個人、企業)が保有している通貨の総量がマネーストック。経済が成長していけばそれに応じてマネーストックが増えていく必要がある。マネーストックが増

加するということは、民間に供給されている通貨の量が増加したことを意味する。お金の量が増えれば、そのお金の価値は下がる。そのため為替相場は下がるのが原則。

マネーフロー……………………… 110
ミセス・ワタナベ………………… 56
民間銀行…………………………… 64
民間部門…………………………… 117
名目実効為替レート指数………… 171
モメンタム………………………… 135
文(もん)…………………………… 27

や

ヤフーファイナンス……………… 160
安値………………………………… 132
ユーロ……………………………… 53
ユーロ円…………………………… 136
ユーロ円相場……………………… 126
ユーロが買われる………………… 61
ユーロドル………………………… 136
有事のドル買い…………………… 156
輸出………………………………… 82
──為替が与える影響………… 82
輸出型企業………………………… 46
輸出関連企業……………………… 6
輸出企業…………………………… 82
──円高になると……………… 7
輸出競争力………………… 182,185
輸出予約…………………………… 148
　為替先物予約の一種。物品、サービスなどを輸出した企業が、輸出先企業などから将来受け取る外貨を円に換えることを前もって予約しておくこと。わが国の外国為替市場では先物の外貨（たとえば米ドル）売り、円買いとな

るため、ドル安、円高要因として働く。
輸入………………………………… 90
──為替が与える影響………… 90
輸入依存国………………………… 8
輸入拡大(為替相場)……………… 62
輸入型企業………………………… 44
輸入デフレ………………………… 76
輸入物価…………………………… 74
輸入物価下落……………………… 74
輸入物価上昇……………………… 74
輸入予約…………………………… 148
　為替先物予約の一種。わが国の企業が物品あるいはサービスの輸入代金を支払う場合には、外貨建てで行なうのが一般的。この場合、為替変動リスクをヘッジするために、輸入代金の支払い決済期に合わせあらかじめ円をドルなどの外貨に換えることを予約しておくことが多い。これが輸入予約。先物での円売り、外貨（たとえばドル）買いとなる。
予想(円安)………………………… 80
寄付(よりつき)…………………… 132

ら

ラストベルト……………………… 100
リーマン・ブラザーズ…………… 53
リーマンショック………… 120,156,182
　2008年9月15日、米国でトップクラスの投資銀行（リーマン・ブラザーズ）が倒産、100年に一度の金融危機だとして世界を震撼させた。これによる米国経済への不安が世界的な金融危機に拡大した。直接の原因は米国の不動産価格が急落して、住宅ローンを払えなくなった人が大勢でたこと。これで米

索引&用語解説

国ほか多くの金融機関が多大な負債を抱え込むことになり、世界的に経済が極度に疲弊することになった。経済が平静さを取り戻すには2年以上の年月を必要とした。

リスク管理（FX）……………… 58
利回り（債券）………………… 79
両替……………………… 32, 141
両替商…………………………… 32
レート
　率あるいは割合などを意味する用語。短期金融市場での金融機関同士が行なう資金の貸し借りの金利をレートと呼ぶことがある。コールレートなどはその一例。あるいは米国の政策金利はFFレートと呼ばれるが、これも米国の銀行が互いに短期資金の貸借をするときに付く金利のことである。また、外国為替取引では、ドル円相場を「ドル円レート」と呼ぶこともある。
連邦準備制度理事会……………… 106
ロンドン市場…………………… 128

「金融データシステム」と「著者」のこと

「金融データシステム」は、わが国初の投資信託データベースを作成するために1985年に設置された。当初から、角川総一の各種経済、金融、マネー分析のための基礎データを整備するために設けられたという色彩が濃い。

　その後、角川総一の興味と関心が投資信託から離れたこともあり、もっぱらマクロ経済指標や各種マーケットデータをわかりやすく整理、それをベースに各種の実証分析をすることがメインになっている。現在は角川総一のオフィシャルサイトを通じて、各種の経済、金融関連の基礎データを無償で提供している。

「今日のように、経済の常識が通用しづらくなった時代には、従来以上に実証データをていねいに観察することが大事。理屈からではなく、現実のデータから経済にアプローチすることが有効であることを多くの人に知ってもらいたい」

　と語る。

　学生時代には、京都のダンスホール専属のタンゴバンドでバイオリンを弾いて生活費を稼いでいた。

　全く目的地を定めない小さな旅が趣味。休日はVitzに乗り込んで、車で終日あてのない散歩をする。

　現在、「日常生活で数字が使えれば世界がよりリアルに見えてくる」「数字で経済社会の関連性を連想する法」といったテーマに取り組む。

　1週間に最低1つの経済仮説をたて、グラフを用いて検証することを、楽器演奏、あてのない旅とともに趣味とする。その経済仮説の多くは経済現象間の相関に関するものである。

【著者紹介】 **角川総一**（かどかわ・そういち）

◎──㈱金融データシステム（KDS）代表。昭和24年大阪生まれ。京都大学文学部を経て、公社債関連専門紙で8年の記者経験後、独立。その後、わが国初の投資信託のデータベースを構築するとともに、各種雑誌、新聞、テレビ、ラジオなどでの金融、マネー評論、講演のほか、企業、各種団体などでセミナーを行なう。
◎──主な著書に「図解　資産運用を読む事典」（東洋経済新報社）、「バランスシート思考のすすめ！」（PHP研究所）、「利回り計算練習帳」（中経出版）、「日本経済新聞の歩き方」（ビジネス教育出版社）、「読んだら使える日経新聞の読み方」「為替が動くとどうなるか」（明日香出版）ほか多数。証券経済学会会員。

http://s-kadokawa.com/

為替が動くと、世の中どうなる？

2018年 7月30日　　第1刷発行

著　者───角川総一
発行者───徳留慶太郎
発行所───株式会社すばる舎
　　　　　〒170-0013 東京都豊島区東池袋3-9-7東池袋織本ビル
　　　　TEL　　03-3981-8651（代表）
　　　　　　　　03-3981-0767（営業部直通）
　　　　FAX　　03-3981-8638
　　　　URL　　http://www.subarusya.jp/
　　　　振替　　00140-7-116563

印　刷───ベクトル印刷株式会社

落丁・乱丁本はお取り替えいたします
©Souichi Kadokawa 2018 Printed in Japan
ISBN978-4-7991-0726-3

「ありがとう」とお客様から感謝される！　だから売れる！

売れる人が大切にしている！
「売り方」の神髄

松野恵介 著
ISBN：978-4-7991-0529-0
本体 1,400 円 + 税

第1章　営業マンは商品を売ってはいけない！
第2章　「知る・見る・聞く」からすべて始まる！
第3章　「伝えて創造する」が「売る」ということ
第4章　あなたの営業は「信頼」されているだろうか？

1200社以上の売上アップに貢献してきたマーケティング・コンサルタントが「売り方の神髄」を大公開！「買ってもらえない」「強引に売り込むのが嫌だ」という悩みから解放されて、お客様に喜んで買ってもらえる方法が満載の一冊です。

売れる値段って、こうやって決めるんだ！

ビジネスに絶対欠かせない！
正しい「値決め」の教科書

中村　穂 著
ISBN：978-4-7991-0552-8
本体 1,400 円 + 税

第1章　要するに、いくらで売れば「利益」が出るの？
第2章　この製品、「原価」いくらですか？
第3章　要するに、いくらなら「売れる」のだろうか？
第4章　要するに、どうやったら「値決め」できますか？
第5章　結局、値段を決めるのは何なのですか？
第6章　いったん決めた値段を変えてもいいの？

「利益を出すためにはいったいいくらで売ればいいのだろう？」「売れる値段って結局いくらなの？」「どうやって値決めをするの？」「原価と値決めの関係って？」……
もう値決めで迷わない！　ビジネスに絶対欠かせない「正しい値決め」を教えます！　値決めがわかれば仕事もわかる！

http://www.subarusya.jp